为什么青春期孩子不爱和我说话

海艳 ◎ 编著

中国纺织出版社有限公司

内 容 提 要

青春期是孩子成长的关键时期，这个阶段随着孩子身体的急剧成长，他们的心理也出现巨大变化，此时他们觉得父母的话不是唠叨就是审判，父母更觉得孩子就像是变了一个人，根本不可理喻，到底该怎样让孩子愿意和自己说话，怎样调整与青春期孩子的沟通模式？

本书从心理学的角度出发，为广大家长提供了一套与青春期孩子沟通的指导方法，相信读了这本书，父母一定会对青春期孩子多一些了解，感受到他们的无助和迷茫，从而有效消除与青春期孩子之间的隔阂，和孩子一起安全度过青春期，帮助孩子健康、快乐地成长。

图书在版编目（CIP）数据

为什么青春期孩子不爱和我说话 / 海艳编著. -- 北京：中国纺织出版社有限公司，2024.2
ISBN 978-7-5229-0527-3

Ⅰ.①为… Ⅱ.①海… Ⅲ.①青春期—家庭教育 Ⅳ.①G782

中国国家版本馆CIP数据核字（2023）第069447号

责任编辑：邢雅鑫　　责任校对：高　涵　　责任印制：储志伟

中国纺织出版社有限公司出版发行
地址：北京市朝阳区百子湾东里A407号楼　邮政编码：100124
销售电话：010—67004422　传真：010—87155801
http://www.c-textilep.com
中国纺织出版社天猫旗舰店
官方微博 http://weibo.com/2119887771
天津千鹤文化传播有限公司印刷　各地新华书店经销
2024年2月第1版第1次印刷
开本：710×1000　1/16　印张：12
字数：118千字　定价：49.80元

凡购本书，如有缺页、倒页、脱页，由本社图书营销中心调换

前言

相信很多父母都听过"青春期"这个词。"青春期"更是让很多父母"谈虎色变"的一个词,因为青春期意味着"孩子的叛逆""难以沟通"且"情绪多变",意味着"亲子隔阂与对立",那么什么是青春期?

所谓青春期(又称青少年期),是儿童期至成年期的过渡时期,孩子的体格、性征、内分泌及心理等方面都发生了巨大变化,个性、品质、世界观及信念也在逐步形成。

青春期是人生中最美好的时期,也是决定孩子一生的关键时期。青春的岁月如同钻石般珍贵,如鲜花般灿烂,然而,青春期也是狂风暴雨般的时期。为此,教育青春期孩子让不少父母感到心力交瘁——"原来与自己无话不谈的儿子现在对自己关上了心门,一天到晚都说不上几句话""不知从何时起,女儿开始变得沉默了,她开始疏远我们,喜欢自己一个人躲在房间里,静静地写着自己的心事""孩子的世界,我们不再了如指掌,女儿不愿再对我们敞开心扉了",并且稍稍一问,他们就回以:"什么都不懂,懒得跟你说,你不明白的。"很多父母开始担心,孩子到底怎么了?一时之间,我们发现有太多的话想要告诉孩子,但又不知从何说起。其实,这些都是孩子在青春期的正常表现。

心理医生认为,10岁之前是孩子对父母的崇拜期,而12～16岁是孩子的"心理断乳期",许多西方心理学家也把青春期看作个体发展的"危险期"。孩子进入这个阶段,随着身体的发育、所学知识以及阅历的增加,他们的自我意识增强,渴望脱离对父母的依赖,因此,极易产生"逆反心理"而不服从父母的管教。

对此,一些父母以为大声呵斥就能让孩子听话,而实际上,这些父母是否想过:你们要求孩子听话和了解你们的意思,但你们有没有了解过孩子的想法?要了解这些信息,父母先要认识到沟通的重要性。

沟通,要求父母向孩子敞开心扉,要让孩子了解你的心理想法,同时也要倾听孩子的声音,只有互相了解和沟通,才能知道孩子心里在想什么,"对症下药"才能担任孩子成长路上的引导师,帮助孩子健康成长。

那么,父母应该如何做呢?

为了回答这一问题,我们编著了本书,本书从心理学的角度出发,为广大家长讲解了与青春期孩子沟通的技巧,相信通过阅读本书,家长们一定能够对青春期孩子多一些了解,并引导孩子正确处理青春期成长中的一些问题,进而帮助他们顺利度过暴风雨般的青春期。

编著者

2023年7月

目录

第 01 章 别总和孩子较劲，了解青春期孩子为什么不和你说话　001

"我就是不想回家"
——青春期孩子渴望摆脱束缚　003
"不要来惹我"
——孩子怎么现在脾气这么大　006
为什么孩子突然变了一个人
——青春期孩子进入了"心理断乳期"　009
说一句顶十句
——叛逆期的孩子总认为自己"有理"　013

第 02 章 改变错误的沟通方式，别让青春期孩子更叛逆　017

"谁让你乱翻我的东西"
——青春期孩子为何不愿再与父母分享　019
"为什么不问问我"
——给孩子发表意见的机会　023
"为什么必须要听你的"
——不要总是命令孩子　026
"我也有自己的想法"
——别总把自己的想法强加给孩子　030

001

第 03 章 | 这样和叛逆期的孩子沟通，让孩子对你敞开心扉　033

与青春期孩子顺畅沟通要从消除"代沟"开始　035
与青春期孩子说话，别三句话不离学习问题　039
想要孩子和你说话，先学会倾听孩子的心声　042
尝试运用非语言的方式与孩子沟通　046

第 04 章 | 会听才能实现有效沟通，多倾听孩子就能多说　051

青春期孩子的心事需要被倾听　053
先表达理解和鼓励，孩子才会畅所欲言　057
多听少说，与青春期孩子换个沟通方式　060
进入青春期孩子的世界，尝试和他做朋友　064

第 05 章 | 青春叛逆期，孩子出现这些心理问题如何疏导　067

孤独心理——如何让孩子敞开心扉　069
比较心理——教育出脚踏实地的孩子　072
烦躁心理——帮助青春期孩子疏解心理压力　075
嫉妒心理——引导孩子学会良性竞争　079

第 06 章 | 态度很重要，掌握与青春期孩子沟通的几个关键点　083

与叛逆期的孩子交流，别一味地教训　085

与青春期孩子沟通，要选择恰当的时机和环境　　088
别非打即骂，棍棒式教育并不会教出优秀的孩子　　092
曲径通幽，从孩子周围的好朋友开始了解其心理变化　　096

第 07 章 | 青春叛逆期的性情易变化，引导孩子积极阳光起来　　101

"我确实不如别人"
——青春期孩子总是情绪低落、自卑　　103
"我总是控制不住脾气"
——青春期孩子自控力差、攻击性强　　107
"未来的路该怎么走"
——青春期孩子对未来很迷茫　　110
"我就是不想被老师管"
——青春期孩子对老师的管教也有逆反心理　　113

第 08 章 | 多交流，给青春期孩子插上快乐学习的翅膀　　117

不想学习怎么办
——激发孩子的学习兴趣　　119
需要督促才学习
——引导青春期孩子自觉、自发地学习　　123
"我就是不喜欢××老师"
——告诉孩子无法挑选老师，就要学会适应　　126
压力太大了
——引导孩子放松身心，才能提高学习效率　　129

第 09 章 | 脆弱的青春期，锻炼孩子的心理承受能力　133

培养青春期孩子的抗压受挫能力　135
青春期孩子的自信源于父母的鼓励　139
告诉孩子失败没什么，"输得起"才有更多赢的机会　143
直面恐惧，让青春期孩子拥有过硬的心理素质　147

第 10 章 | 会交友，交益友，引导孩子建立良好的人际关系　151

告诉孩子如何选择朋友　153
鼓励青春期孩子多参加有意义的聚会　157
告诉孩子如何自信大方地与人交往　160
告诉孩子做错了要主动道歉　164

第 11 章 | 不安的青春期，帮助孩子处理生理和感情问题　169

青春期孩子为什么开始刻意疏远异性　171
引导孩子学会拒绝异性的求爱　175
引导青春期孩子走出暗恋的旋涡　178
通过沟通让孩子了解正确的恋爱观　182

第01章

别总和孩子较劲，了解青春期孩子为什么不和你说话

随着青春期的到来，身体发育的加快，孩子的思维能力也开始逐渐完善，他们开始思考自己、思考未来与人生，同时，他们也会面临很多不解与困惑。此时，渴望独立的他们本能地开始摆脱这些困惑。他们变得叛逆起来……一些父母一看到孩子出现与以往不同的举动，便会产生焦虑心理，甚至对孩子严加管教，实践证明，这种方法并没有太大的效果，甚至会导致孩子拒绝和自己沟通。其实，面对青春期孩子的逆反，最好的方法是蹲下来，理解和引导孩子，并建立一种平等的朋友关系，建立起真正的亲密关系，让孩子真正接纳你！

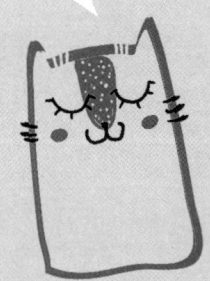

"我就是不想回家"——青春期孩子渴望摆脱束缚

在王先生的家中,儿子上学以来,都是由他每天接送。这天下班后,王先生还是像往常一样,在学校门口等儿子出来,但是放学时间都过了半个小时了,还是没看到儿子。

王先生觉得事情不妙,他赶紧给儿子打电话,但未接通。他意识到儿子可能出事了,赶紧通知老师和妻子,希望他们帮忙找找。最后,王先生发现儿子一个人坐在学校篮球场的角落里。

王先生和妻子纳闷儿了,为什么儿子不回家呢?后来,在沟通中,王先生才明白是自己的家教太严了,总是不许儿子这样,不许儿子那样。十几岁以前,儿子确实是个听话的孩子,但随着青春期的到来,儿子觉得这样的管教很窒息,他甚至觉得家就像个牢笼一样,所以他害怕回家。

王先生苦恼:青春期孩子到底该怎么教育?

王先生的儿子为什么不想回家?因为家对于他来说就是束缚。生活中,我们每个人都需要自由。其实,我们的孩子也是一样,如果我们束缚住孩子的手脚,不许他做这个,不许做那个,对他的生活大包大揽,那么,孩子会感到窒息,他的一些优良的品质也会被压抑。而随着孩子

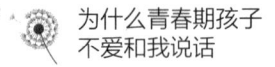

慢慢长大，当他们进入青春期，他们的自主意识也越来越强，对于无法呼吸的成长环境，他们一定会反抗。一些孩子可能会通过沉默或者拒绝和父母说话进行反抗，而另一些孩子则可能会选择不回家甚至离家出走。

每个孩子到了青春期，都希望能被他人尤其是自己的父母理解。于是，很多孩子举着"理解万岁"的大旗高呼"父母不理解我"，渴望自由似乎是青春期孩子的普遍诉求。每个孩子都希望生活在一个民主的、和睦的家庭，认为这样的家庭才会给自己一个温暖的归属港湾。当家庭不和睦时，孩子就会有被抛弃和愤怒的感觉，并有可能变得抑郁、敌对、富于破坏性，还可能导致他们对学校作业和社会生活不感兴趣。

可见，任何一个孩子都希望得到父母的认可和尊重，希望父母认识到自己已经长大了，能够处理自己的一些事情，需要更多的空间。而更多的时候，父母往往把他们当成不具备处理事情能力的小孩，所以对他们仍然抱有一定的不信任态度。有些孩子一旦发觉，便会觉得自己被他们轻视小看了。这往往打击了他们的积极性，使他们对长辈产生半敌视心态。

作为父母，我们要记住的是，孩子也是独立的个体，而不是我们的私有财产。那么，怎样才能给孩子提供一个足够自由的空间呢？

听听教育心理学家的建议

1. 不要剥夺孩子独处的机会

你要知道，青春期孩子已经是半个大人了，他们完全可以照顾自己，可以独立处理一些问题。所以，我们千万不可强制包揽孩子的事务，否则很容易引起他们的反感。例如，在孩子独自外出之前，我们一定要与孩子订立安全协议，如不能在晚上十点之后回家，遇到问题要及时给爸妈打电话等。

2. 相处时，把主动权交给孩子

一般来说，青春期孩子不想与父母待在一起，是因为他们不希望周围的人把自己看成是孩子，看成是父母的附属品。我们应消除孩子的这种心理负担，让他们自己决定去哪里、做什么等。这样，他们会感受到父母重视自己，渴望独立的这种心理被父母理解了，他们也就乐意和父母多多交流了。

3. 不要过度保护孩子

孩子的成长过程既是充满未知的、颤颤巍巍的，也是充满乐趣的。他们会摔倒，但作为父母，我们不能扶着他们走。如果你的孩子想尝试，那么，你应该鼓励孩子，让孩子有尝试的勇气，而不是说："算了，多危险，不要做了。""小心点，你会伤害自己的！""你不能做这个，太危险了！"这样，孩子即使想尝试，也会被你的提醒吓退的。

4. 在情况允许下，让他们自由支配时间

虽然孩子还小，但我们也应该尊重他们，让他们有自己的独立支配的时间。例如，晚上空余时间，孩子想睡觉或是看书等，我们不要干涉。

总之，任何一个孩子的成长都需要自由的空间，没有自由，他们是无法健康、快乐地成长的。因此，要想使青春期孩子成长得更好，我们就需要给他们提供足够的自由空间，而不要限制他们的自由。

"不要来惹我"——孩子怎么现在脾气这么大

一天,平时工作就非常忙碌的林女士被儿子小凯的老师一个电话叫到学校,原来是儿子在学校闯祸了,可是令她不解的是,儿子一直很乖,平时连和人大声说句话都不敢,怎么会闯祸呢?

林女士匆匆忙忙赶到学校,问清楚了情况。原来是班里有些男生挑事,说小凯是个"胆小鬼"。老师告诉林女士,班上传言小凯喜欢某个成绩好的女生,但不敢表白,这些男生不知道怎么知道了,就拿这件事取笑小凯,而小凯被激怒了,于是他和这些男生打架了,还把其中一个男生的头打破了。

"我的孩子这是怎么了?"林女士很是不解。

一向乖巧的小凯怎么会突然这么容易被激怒而对同学大打出手?日常生活中,如果我们被人叫作"胆小鬼",兴许我们会生气,但一般不会太过激动而做出一些伤人害己的事。其实,这与青春期孩子的情绪特点有关:

一是情绪体验迅速。青春期孩子的情绪很不稳定,坏情绪来得快、去得也快。

二是情绪状态呈现两极性。他们的情绪常常从一个面急转直下,转到另外一个面，甚至从一个极端转到另外一个极端。

三是情绪反应强烈。他们容易冲动，理智控制作用减弱，容易做出因为冲动而不计后果的过激行为。

当然，案例中的小凯和同学打架是因为其内心承受能力差，当同学嘲笑他时，一时激动的他便控制不住自己的情绪。

其实，心理承受能力关乎一个青春期孩子的成长状况，一个心理承受力强的孩子，往往情绪稳定，意志顽强，积极进取。他敢于冒险，乐于尝试新鲜陌生的领域，面对挫折和困难也能保持乐观，百折不挠，愈战愈勇。而一个心理承受力弱的孩子，往往会表现出退缩，耐性差，懦弱，焦虑和自卑。面对困难他缺乏坚持，面对自己不熟悉、不擅长的领域，他宁可不做，因为不做就不会输。

我们的孩子生活在一个不断变化的社会，长大后他们将会面对职场的激烈竞争，复杂的人际关系，也免不了遭遇情场失意、事业困境、生意败北……他们的心理承受能力的强弱，直接关系到他们的人生是否幸福。

因此，帮助青春期孩子疏导情绪，强化孩子的心理承受能力，是父母给予孩子受益一生的珍贵礼物。

那么，我们应该怎么与青春期孩子沟通呢？

听听教育心理学家的建议

1. 不要对孩子期望过高，更不能拿他与别的孩子比较

无论何时，父母都是孩子的天，如果孩子感受到自己让父母失望，那么这就是毁灭性的心理打击。

作为父母，无论你的孩子学习成绩如何，无论你的孩子是否有特长等，你都要调整好心态，为孩子的成长和进步而高兴、骄傲。我们要做的是"纵向比较"，如果你的孩子这次的学习测验比上次好，你就要奖励孩子、鼓励孩子。对于横向比较，也就是拿自己的孩子和其他孩子比较，这永远都是不可取的。

2. 理解并鼓励孩子正确地宣泄自己的情绪

青春期孩子是脆弱的、敏感的、容易受伤的。他们也会悲伤沮丧，此时你要让孩子尽情宣泄，让他去哭，而不是劝孩子"别哭别哭""不要动不动就哭哭啼啼的"。你可以告诉孩子："我知道你很难过。"或者什么都别说，给他独处的空间和时间去消化自己的情绪，帮他轻轻带上门就好。

3. "事件"结束后，帮助孩子正确梳理情绪

等"事件"结束，孩子心情基本平定后，再帮助他们做自我反省。这样就能较理性客观地看待分析"事件"。反省的意义是，脱离"现场"再一次经历当时的情绪波动，那么压力再一次释放的同时情绪也得到了缓解。

总之，青春期是孩子心理波动较强的时期，在这个期间，孩子的心理承受能力通常都比较差，一些小事都可能引起他们的过激行为。我们要在平时管教孩子时，多注意他们的心理健康，并帮助孩子认识自己的情绪、管理自己的情绪，让他们保持稳定的心情！

第 01 章
别总和孩子较劲,了解青春期孩子为什么不和你说话

为什么孩子突然变了一个人——青春期孩子进入了"心理断乳期"

王女士的儿子今年十二岁,刚上中学,她的儿子一直听话乖巧,她也一直很省心。但最近在教育问题上,王女士遇到了一些困惑。她只好找到儿子的班主任:"我儿子从小就是个听话的孩子,学习也很自觉,成绩也不错,所以很顺利地考上了这所市重点中学。只是我不明白的是,孩子怎么一到中学就变了很多,以前我给他零用钱他都舍不得花。现在倒好,每月生活费总是不够花,后来我才发现,他喜欢买那些时尚的东西,还打扮得像个小混混,为此我常教育他,可他常常与我顶嘴,总是强调'时代不同了',说我是老生常谈。我甚至告诉他,有本事就自己挣钱。结果他顶嘴后几天不理我,有时候还去同学家一住就是几天,我应该怎么办?"

生活中,王女士这种情况并不是个案,很多家长都遇到过,尤其是当孩子到了十几岁,便不再听父母的话。他们好像突然一下子有了很多自己的想法,喜欢按照自己的想法行事。很多家长不解:我那个乖巧的孩子怎么了?我该怎么办?

其实这些情况对处于"心理断乳期"的青春期孩子来说,都是一种

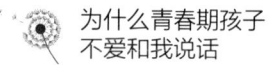

很正常的现象。

心理医生认为，12~16岁是孩子的"心理断乳期"。那么，什么是"心理断乳期"呢？

在人的一生中，有两个重要时期，一个是1岁左右的"生理断乳期"；另一个是青春期时发生的"心理断乳期"。

为人父母都知道，让婴儿期的孩子断乳是痛苦的。面对饥饿，他们会通过啼哭来索求食物，他们张开嗷嗷待哺的小嘴努力寻找母亲的乳房，而母亲为了让他断乳，会给孩子喂其他陌生的食物，孩子会用吐的方式排斥新食物，母亲会继续喂，孩子继续吐，几次以后，孩子终于进食了。这就是人类适应环境的一次重大转折——生理的断乳。

接下来，从12岁开始，他们逐渐脱离对父母的依赖，直到18岁完全脱离。这个过程就是少年逐渐摆脱父母、走向成人的过程。这一过程被心理学家叫作"心理断乳期"。此时孩子渴望获得独立，渴望父母重新审视自己，把自己当作成人看待。但同时，他们自身又有很大的依赖性，无论是精神上，还是经济上，他们都不能摆脱对父母的依赖。尤其是当他们遇到一些青春期的生理和心理问题的时候，他们更需要获得父母的帮助。

可见，青春期孩子渴望塑造自我，渴望独立，渴望周围的人以及父母把自己当作成人来看。而作为父母，只是想要找回原先所习惯的那份透明、亲密无间的关系，希望能洞察孩子的内心世界，生怕孩子一个人外出遭受危险，我们更受不了与孩子之间有着一个我们无法洞察、无法把握的地带。

第01章
别总和孩子较劲，了解青春期孩子为什么不和你说话

那么，我们该怎样才能找回那份亲密的亲子关系呢？如果我们想让孩子愿意和我们说话，我们应该怎么做呢？

听听教育心理学家的建议

1. 多理解，少责备

在这个时期，不同的孩子依据转变程度的不同会出现不同的状态，他们非常渴望家长的理解。而生活中，一些父母只要认为孩子做错了事，也不分场合、方式就批评他。可以说，这是家长普遍的处理方式，而实际上，这个时期的孩子既是叛逆的，也是脆弱的。有时候，你不经意的一句话就可能伤害他们的自尊心，渐渐引起孩子内心的愤恨、埋怨，甚至仇恨。

所以批评孩子前先要弄清缘由，不要乱批评；需要批评时，应注意说话的语气、场合和方式；批评时要循循善诱，使他们心甘情愿地接受。对待孩子的困难和挫折，要真心提供帮助。

2. 尊重其自尊心

我们父母要尽量支持孩子，尤其在他们遭遇困难、失败的时候，帮助他们分析事件和自己的心理状况。理出一条可行的、能够被孩子接受而且符合规定的解决方案。

另外，家长不应迁就孩子不合理的、伤害自己及他人的行为。尤其在过激行为上要加以制止，以防孩子以后为了达到自己的目的，总是用反抗的方式来要挟父母。切记要通过孩子能接受的方式，避免硬碰硬，伤害到一些自尊心比较脆弱的孩子，导致他们封闭自己的心门，不再和父母沟通交流。

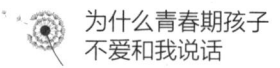

3. 给孩子表达的机会

作为家长，要在家庭中发扬民主精神，平时要多注意和孩子沟通，让孩子发表自己的观点，这会使孩子感觉到无论做什么，只有"有理"就能站稳脚跟，这对孩子个性的发展极为有利。

总之，遇到王女士的这种情况，我们一不要害怕，二要教育引导，三要注意方式。这样就能与孩子建立一种亲密、平等的朋友关系，帮助其顺利度过"心理断乳期"。

第01章
别总和孩子较劲，了解青春期孩子为什么不和你说话

说一句顶十句——叛逆期的孩子总认为自己"有理"

某心理医生遇到一位母亲，这位母亲苦恼地诉说自己的女儿这个暑假过完就上初三了，可不知怎么回事，这个暑假一开始，就感到孩子好像变了一个人。平时要么一个人闷在房间里上网、玩游戏，要么就是对家长不理不睬。更奇怪的是，前两天她和爱人想跟女儿好好沟通一下，谁知没说几句话，女儿就顶撞说："我就是不知好歹，不可理喻。"还在自己的房间门上用电脑打印了几个字"请勿打扰"贴在上面，气得她无话可说。

实际上，生活中还有一些青春期孩子，比案例中的孩子更为叛逆，他们原是父母眼中听话的好孩子，但是随着青春期的到来，他们开始关上心门，基本上不和父母沟通，父母说一句，他们就顶十句。而且，无论事实如何，他们总觉得自己是对的。而作为过来人的父母，觉得自己自然更有"发言权"，于是，很多父母便为了更正孩子的观点而极力发表自己的观点，如果双方始终坚持自己的立场，那么便极易产生一种对立的关系。其实，作为父母，如果能感受下孩子的想法，你会发现，其实孩子的想法也有一定的道理。

那么，青春期孩子为什么会如此叛逆呢？

青春期孩子之所以产生叛逆心理，有以下三个方面的原因：

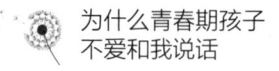
为什么青春期孩子不爱和我说话

第一，青春期到来后，孩子的身体开始快速生长和发育，由此带来了心理上的变化。第二性征的出现给他们的心理造成了一些冲击，他们往往会对此感到不知所措，因此便会产生浮躁心理和对抗情绪。

第二，除了身体上的发育并趋于成熟外，青春期的孩子还渴望独立，希望周围的人把自己看作成年人。因此在面对问题时，他们常常呈现一种幼稚的独立性，还没有完全成熟的他们会处在反抗情绪内。

第三，自我意识的增强、社会上各种新奇事物的出现也让孩子对很多东西产生兴趣，他们便要通过表现个性、追逐时尚等方式来满足自己的好奇心。

另外，也有很多其他因素，例如，社会和家庭教育的一些不足，也成为孩子叛逆的源头。此外，孩子如今面临的各种压力，如就业压力、学习压力以及生活中的无聊情绪等，也是叛逆心理产生的"沃土"。

很多家长一看到孩子变得与以往不同，就认为这是青春期的逆反行为，担心自己的让步会导致孩子的越轨。然而，对孩子的每个小细节都横加指责往往会使较小的争吵升级为全面战争，因为孩子最厌恶的就是父母对自己管得太多、干涉太多。

为此，在孩子有逆反苗头的时候，家长首先要反思，也许是自己正在挑起这种情绪，或者孩子对自己的某些方面不满意，然后有针对性地解决。

那么，我们应该如何与孩子沟通呢？

听听教育心理学家的建议

1. 把命令改为商量

作为父母，我们固然应该保护孩子，但对于青春期孩子来说，他们已

第01章
别总和孩子较劲，了解青春期孩子为什么不和你说话

经有了一定的独立能力和自主意识，我们对他们不该过度保护。因此，在很多问题上，我们最好让孩子自己做决策，例如，我们可以先询问孩子的意见，"你是怎么认为的呢？你打算如何处理呢？你打算什么时候开始做呢？"这就表示了我们对孩子的尊重。在了解了孩子的想法后，如果有些不正确，那么我们再以研究和探讨的语气与之商量："我能理解你的想法，但我们还要考虑这件事的可行性，不是吗……你认为妈妈的意见对吗？"

孩子是聪明的，有判断力的。如果你的话有道理，他会采纳你的建议。而且沟通和交流会越来越多，亲子关系越来越好。

例如，孩子周末想去朋友家玩，你可以和孩子商量，他可以和更多的孩子交往，但一定要讲究原则，如孩子去的地方要告知家长，什么时候回来，都有哪些人，玩多长时间。如果他要求在朋友家住，你要告诉他，如果晚了爸爸妈妈可以去接他，那样爸爸妈妈不会担心，支持他的同时也告知他不能破坏原则。这样孩子能既得到快乐，也不会放纵自己。给孩子一个空间，让他自己去体验，去成长。家长永远是孩子的后盾，是支持者和帮助者，这样才不让孩子离自己越来越远，才会让他们幸福快乐地成长。

以商量的方式解决问题，即使商量失败，但双方的感情会变深，会有利于以后问题的沟通。家长经常犯的错误是，不仅当前问题没解决，还破坏了感情，妨碍了感情沟通，失去今后解决问题的机会。

2. 不妨让孩子也吃点"苦头"

青春期正是孩子形成主见的关键时期，小错肯定在所难免。但是，

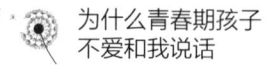

孩子也没那么脆弱，家长可以允许孩子犯一点错、吃点亏，不要过分束缚孩子的手脚。

例如，你的孩子"要风度不要温度"，寒冬腊月坚决不穿秋裤。如果商谈没成功，不用着急，让他挨一次冻也没关系，真感冒了，他就会明白你的意图，至少以后会考虑你的意见。

总之，对于青春期叛逆的孩子，支持要比压制好，商量要比命令好。只要孩子的想法合理，父母就要给以全力的支持！

第02章

改变错误的沟通方式，别让青春期孩子更叛逆

到了青春期后，随着身体上的巨大变化和学习压力的增大，我们的孩子渴望有个倾诉心事的对象。但一些父母似乎只关心孩子的学习，或只希望孩子按父母的想法做事，让孩子觉得没有自己的空间。于是，他们宁愿把心事写在日记里，也不愿意向父母求助。实际上只要我们能从孩子的角度考虑，理解青春期孩子，给他们鼓励和平等对话的权力，孩子是愿意把心交给我们的！

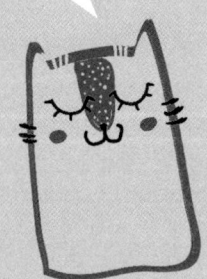

"谁让你乱翻我的东西"——青春期孩子为何不愿再与父母分享

冰冰从小就喜欢表演,到了初中的时候,学校有个表演兴趣班,她参加了。平时一有时间,她就开始"钻研"表演这门艺术,但她的父母则明文规定,要好好学习,不要想其他的。放学后必须做一定的作业和练习,这让冰冰很不高兴。于是,放学后,她就尽量不回家,或者去有相同兴趣的同学家,或者就在学校。不过冰冰在这方面确实很有天赋,在市青少年文艺大赛上,冰冰居然获奖了,这让她的父母大吃一惊,并重新认识了孩子"爱表演"这一情况。但冰冰却不领情了,她用自己的奖金买了一些表演书籍,还有播音设备等,一放学就把自己关在房间里。有时候父母为了"讨好"她,主动问她在学校兴趣班的事,她也不理睬。

有一次,父亲听老师说冰冰又得奖了,便想看看女儿的成果。这天,他看见女儿的房门没关,就想进去看看,结果他却听到女儿在身后吼了一声:"谁让你动我东西的?"因为自己理亏,父亲也没说什么。从那以后,冰冰的房门上就多了一把锁。

冰冰为什么不愿意和父母分享自己的个人爱好与努力成果呢?原因

很简单，因为父母曾经否定过自己的爱好。面对孩子喜欢表演的事实情况，冰冰父母的处理方式并不恰当。孩子有自己的兴趣爱好，家长应予以正确的引导和鼓励，不能以一成不变、简单粗暴的方式来约束他们。家庭教育也需要与时俱进，应该突破传统教育的固定模式。

生活中，可能很多家长都遇到过这样的情况：孩子一到十几岁之后，似乎一夜之间像变了一个人。以前哪怕是周末，也吵着让父母带自己去游乐园，和父母一起画沙滩画，和父母一起吃冰激凌，和父母分享一切。可现在，卧室抽屉上了锁，房门上了锁。孩子开始喜欢一个人玩游戏，一个人看电影，有些孩子甚至认为和父母逛街是一件丢人的事……这些孩子为什么突然变得冷漠？

其实，孩子不愿同父母分享，也并非孩子的问题。处于青春期的他们渴望独立，他们更希望父母能理解自己、支持自己、尊重自己。但作为父母，如果单单认为孩子的这些行为不可理喻或者强行干预，那么孩子只会离你越来越远，孩子要的是父母体谅与了解他的感受。许多父母抱怨孩子不跟他们讨论心中的问题，其实孩子会以试探和犹疑的口吻提出问题，只是这种心意常被父母一贯传统的反应（如训诫、说教、讽刺等）给打消了。

听听教育心理学家的建议

1. 尊重孩子的个性发展，鼓励孩子做自己喜欢的事

青春期也是危险期，很多父母都担心孩子走错路。如早恋、染上不良的习惯、接触社会不良人士等。有时候，我们越是干预，越是阻止，

第02章 改变错误的沟通方式，别让青春期孩子更叛逆

孩子越是会义无反顾地去做，这就是叛逆的青春期。

我们应该做的，首先就是相信自己孩子，你要告诉他，无论他选择什么，爸爸妈妈都相信他，但是他也要做出让爸爸妈妈相信他的事情，在保证学习不受影响的情况下，爸爸妈妈允许他做自己喜欢的事。

2. 学会参与和引导孩子的爱好

我们若想拉近与青春期孩子的心理距离，让孩子乐于跟我们分享，就应该在平时多留意孩子身心的发展和想法。要注意与孩子沟通，在了解孩子的想法后也多向老师求教，双方配合合理引导，使孩子的个人爱好与他长远的人生目标衔接上，共同促进孩子的健康成长。

3. 别总是告诉孩子该怎么做，把主动权交给他

有时候，有些孩子不愿与父母分享，是因为父母不是贴心的朋友，父母总是以过来人的态度与观点教育他。因此，父母不要什么事情都认为自己在理，都认为自己是对的，孩子永远是错的。其实孩子的成长不是家长告诉他要怎样做，什么样的结果是对的，什么样的结果是错的。而是要在孩子成长的过程中引导他。在某件事情里，引导孩子去尝试，去钻研，去学习，然后寻找到适合自己的方法和方向。我们不要一看到孩子出现了差错，就跑过去告诉他，你错了，你应该这样，而不应该那样。这样的话，孩子哪还有动力和心思再去思考，再去摸索呢？

4. 孩子的行为也不可放任自流

和孩子分享他的青春期的故事是一件快乐的事情。可是我们不能什么事情都如他所愿。对于一些原则性的事情，如孩子夜不归宿，家长们就要严肃地告诉孩子，什么时间必须回家，这是规定，必须要遵守的。

总之，叛逆心理在青春期的孩子身上是全方位地表现出来的。作为父母，我们要做的不是阻止与干涉，而是去共同体验、引导，这样孩子才会真心接纳你，听从我们的建议！

"为什么不问问我"——给孩子发表意见的机会

这天,女儿放学回家,进门就嚷:"妈,从明天开始,我不去学校了,你别劝我!"

妈妈却是个温和的人,她知道女儿肯定是受了什么委屈。

"为什么不去呢?"

"没什么,感觉不大舒服。"

"不舒服,哪里不舒服?怎么不早点请假回来呢?"

"不想耽误学习啊,你别问了,反正我不去。"其实,妈妈是聪明的,女儿说话这么有力气,怎么会身体不舒服,一定另有隐情。

"可是,今天不舒服,明天不一定舒服啊,要不妈妈带你去医院吧。"妈妈在说这话的时候,故意露出一点笑容,女儿明白,妈妈看出端倪了,于是,她只好说:"妈,你闺女是不是很没用啊?"

"怎么这么说,我闺女一直是最棒的,有最棒的体格,最棒的学习接受能力,而且待人温和,还疼妈妈。"

听到妈妈这么说,女儿笑了,主动坦白了今天遇到的事:"妈,今天老师叫我们写一篇作文,我拼错了一个字,老师就嘲笑了我一番,结果同学们都笑我,真没面子!"

此时,妈妈没有说话,只是搂着伤心的女儿。女儿沉默了几分钟,

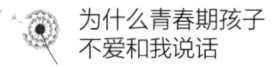
为什么青春期孩子不爱和我说话

从妈妈怀中站了起来,平静地说:"谢谢你听我说这些事,我要去公园了,同学们还等着我呢。"

从这个故事中,我们看到一对母女间的和谐关系。可见,懂得和孩子沟通的父母,绝不会不给孩子说话的机会,而只有让孩子畅所欲言,孩子也才愿意和父母多说话。

任何父母都希望自己的孩子把自己当朋友,对自己倾吐成长中的烦恼与快乐。然而,孩子越大越难与他们沟通,这是很多父母共同的感受。这是由什么造成的呢?其实,孩子也想对父母说实话,只是很多父母总是端着家长的架子,甚至压制孩子的想法,孩子又怎么愿意与你沟通呢?因此,聪明的父母都会引导孩子发表自己的意见,让孩子畅所欲言。

其实,不仅是青春期,孩子自打出生后,就有要发表意见的需求,如用手去触摸自己喜欢的东西,不喜欢有些长辈抱自己时,就大声地哭闹,对于此时孩子的这些行为,父母都一一接受了。可是随着孩子年龄的增长,父母为什么又把这种自主权搁浅了呢?压制孩子发表意见,就是压制孩子的主见,这对孩子的成长是极为不利的,会让青春期孩子关上自己的心门,不愿与父母交流。

其实,孩子要求发表意见、要求展示自主的意识是随着年龄的增长越来越强烈的,父母要给予孩子的是尊重,给他发表意见的机会,而不能压制。

听听教育心理学家的建议

1. 不要压制孩子的想法

即使孩子的看法与大人不同,也要允许孩子有自己的想法。父母应考虑到孩子的理解能力，举出适当的事例来支持自己的观点，并详细地分析双方的意见。父母不压制孩子的思想，尊重孩子的感受，孩子自然会敬重父母。

2. 支持孩子在小事上自己拿主意

家长可以支持孩子自己管理自己，并提醒他界限何在。当孩子做选择时，他觉得自己的确享有主导权，这一点会令他开心。

3. 父母保持适当的权威

也许许多家长的孩童时期所接受的教养方式就是极端权威的，父母说一，他们决不敢说二，所以导致他们很少享受过发表自己意见的权利。于是，他们把这种教育方式延续使用在孩子身上。如果孩子所争取的是对他自己的自主权，而不是对父母的或其他人的管理权，那么他的要求就没什么不对。父母应将大人的权力保留在适当范围内，别将它过分延伸到孩子身上。但同时，也要让孩子尊重父母的权威，尊重孩子权力的同时，也要坚持对孩子有利的一些原则。

从孩子襁褓时期对父母完全的依赖，到发展自我意识、建立自信、试验探索，终于长大成为一个独立的成人，这都需要主见的培养。要想孩子有主见，父母可以遇事要问他的看法和想法，不管是学校的事还是家里发生的事；新闻上报道的事，或者是路上看到的事；包括爱吃什么，爱穿什么，爱玩什么都要问孩子的意见，这样，孩子能感受到被尊重。如此，孩子不但学会了独自思考，父母还能拉近亲子间的关系，让孩子对我们敞开心扉。

"为什么必须要听你的"——不要总是命令孩子

然然生活在一个幸福美满的家庭，家里的经济条件优越。父母的文化程度虽然不高，但在教育子女方面还是有自己的一套方法，特别是母亲，和女儿就像朋友。

小学时，然然总喜欢把学校里的事情告诉母亲，和母亲说说悄悄话，家庭的民主氛围很浓郁。可是自从进了中学，然然在家的话渐渐少了，一到家就把房间门一关，半天也不出来。母亲想要和她聊聊天说说话，她总是借故离开。母亲感觉纳闷，难道是女儿长大了，想要拥有自己的心灵空间？后来又有新的情况出现了，好几个晚上，然然总会接到同学的电话，而且一聊就是很久，还要避开父母的视线范围。

后来母亲到学校咨询了老师，从老师那里了解到，近来经常有高年级的同学来找然然，而且上下学的路上总有一个男孩子与她同行。母亲似乎明白了，可能然然在思想情感方面产生了波动。

"一个学期以来，通过我与然然的多次谈心、疏导，在她父亲的理解和诱导下，她懂得了'喜欢'与'恋爱'的区别。其实，她对那个高年级男生只是有好感，只是喜欢而已，可以作为一般的朋友来相处。她也真正认识到中学生在心理、生理、经济等方面都不具备恋爱的条件，把自己的精力完全投入学习生活中，才是她现在应该做的。她开始调整

第02章 改变错误的沟通方式，别让青春期孩子更叛逆

自己的精神状态，积极地投入学习，几次月考的成绩虽不尽如人意，但她还是继续努力，终于在期末考试中取得了可喜的进步。现在我们更成了无话不谈的好朋友。"母亲说道。

然然母亲是个有心人，没有对孩子劈头盖脸地询问，而是通过其他渠道获得了然然恋爱的信息，并帮助女儿了解喜欢与恋爱的区别，使女儿重新投入学习。

恋爱只是青春期孩子可能遇到的一个问题。对于每个家庭来说，孩子的青春期同时也是危险期，需要父母的关爱和引导，但很多父母很少静下心来听孩子的想法，而是一味地命令他："我的话就必须得听。"孩子的想法被压制住了，也就变得更叛逆了，根本不愿意与父母沟通。

每位父母都希望孩子听话、乖巧。但我们要明白，孩子并不是父母的私有财产，如果你希望孩子样样服从安排，往往会适得其反。家长在言行上的矛盾教育常让孩子无所适从。我们在学习家庭教育理论知识的同时，还要善于反思、总结，不断提高自己的素养，转变自己的旧观念，把理论灵活地运用到实践中去，才能有好的效果。

总之，家长不要总是强迫孩子听话，把什么都强加给他。

听听教育心理学家的建议

1. 不要把你的观点强加给孩子

你越是将自己的观点和价值观强加于孩子，并自以为孩子会与你分享，孩子拒绝接受它们的可能性就越大，即便孩子年龄较小。

因此，我们要想办法弄清孩子的想法。例如，你可以这样说："我喜欢这个想法，但重要的是你如何看待。"而不是说："太棒了，你不这样认为吗？"或者可以说："你怎么看待那档节目？"而不是说："那档节目简直就是胡说八道。"

2. 不要把你的兴趣爱好强加给孩子

很多有所成就的家长都希望孩子能按照父母的兴趣、爱好，甚至为他规划的人生走下去。早有"子承父业""书香门第"之说，生活中这样的例子也是数不胜数。医生的孩子当医生，教授的孩子当老师……

父母总把孩子放在自己的掌心，而孩子却渴望一片自己的天空。不少孩子的家长喜欢替孩子安排一切，操心受累之余还总爱委屈地说一句："我什么都替他想到了，能做的我都做了，我容易吗？"可是对于这一"替"，孩子不领情，且加剧了他们的逆反心理，尤其是进入了青春期的孩子，他们更愿意固守自己的意志而拒绝家长的好心安排。

其实，父母的良苦用心可想而知，但有没有尊重孩子的意愿，让孩子挑选自己感兴趣的东西呢？我们应该注意发现和培养孩子的兴趣。

大多数时候父母都会认为，孩子还小，很多事情他们不懂，父母选择的对他们更好。殊不知，孩子已经进入青春期了，他们也有鲜活的思想和情感，有自己的兴趣。只有从兴趣出发，孩子才能自主地学习，才能学得又快又好，才能享受到学习的乐趣。

3. 与孩子及时沟通情绪

当孩子产生情绪或者做出你不能容忍的事后，向他说明你的想法和感受。当你感到愤怒、难过或沮丧的时候，请说出来并向他说明原因，别只是大喊大叫。

总之，我们千万不要总是希望青春期孩子还和婴幼儿时期一样听话，无论孩子遇到什么问题，我们都要多听听他的心里话，多引导他，让他感受到来自父母的尊重和关心，他也就没那么大的逆反情绪了。

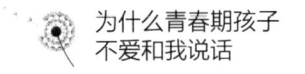

"我也有自己的想法"——别总把自己的想法强加给孩子

陈琳上初中二年级时,学校要举行语文知识竞赛,陈琳告诉妈妈:"老师想让我参加纠正错别字竞赛。"

"这很好啊,你去报名了吗?"

"还没有。"

"为什么?是不是没有想好?"妈妈问。

"竞赛时台下会有很多人看,我有点害怕。"陈琳很紧张,毕竟这是她第一次参加这种集体性的竞赛活动。

"要是参加竞赛的话,也可以锻炼锻炼自己,不过这件事你还是自己决定,我只是告诉你我的想法。"妈妈鼓励道。

后来,陈琳决定参加这次全校范围内的语文知识竞赛。

每个人都有自己独立的人生,我们的孩子也是一样。让孩子自己做选择,也有助于强化他的自我意识。陈琳的妈妈是位家庭教育的有心人,她也是明智的。让孩子自己做决定,尽管他们会遇到一些挫折,但那些挫折最终会成就他们,让他们感觉到自己的生命是丰富多彩的,更重要的是,这是自己的收获。

对于青春期的孩子来说也是如此。到了青春期,我们的孩子已经开

第02章
改变错误的沟通方式，别让青春期孩子更叛逆

始形成独立自主的性格，他们希望可以按照自己的想法说话、做事，但不少父母却因为害怕孩子走错路而进行压制，可是这样做只会让孩子越来越疏远我们。

作为家长的我们，在家庭教育的过程中，如果总是把自己的意愿投射到孩子身上，结果往往会事与愿违。例如，很多父母为了让孩子出人头地，常会让孩子学习各种知识、各种技能，但实际上，孩子并不会按照父母的意愿好好学习。更糟糕的是，他们还会产生逆反心理，也会对父母封闭内心，导致亲子关系的紧张。

事实上，生活在一个多样化的时代里，任何人都应有能力做出有根据、负责任的决定。如果你的孩子了解自己的偏好，对自己的偏好充满信心，并且足以顶住外部的压力，能够全面考虑做出的选择可能给自己或者他人带来的后果，他就会做出更加正确的决定。

因此，在与青春期孩子沟通的过程中，我们不要总是将自己的观点强加给孩子。

听听教育心理学家的建议

1. 鼓励孩子在平时表达自己的想法和感受

语言是孩子表达的重要工具，让孩子大胆说出自己的想法，情绪才不会压抑。孩子表达清楚自己的想法，才能获得更多的关注和帮助。

2. 让孩子根据自己的兴趣选择

我们在帮助孩子做选择时，一定要考虑他的兴趣。兴趣是最好的老师，我们可以给孩子一定的建议，但不能替他拿主意。如有的孩子喜欢

看科幻小说或漫画，如果非让他看科普读物的话，他只会越来越排斥看书。

3. 接纳孩子的情绪和想法，而不是嘲笑

可能在你看来，孩子是幼稚的，他们的想法也不成熟，但你千万不能嘲笑他们，也不要以自己的思维方式来要求。你要允许孩子把自己的观点表达出来。当孩子主动和你谈起他对某件事情的感受和想法时，不要不耐烦地敷衍了事，而应该跟他一起聊聊。

4. 要善于称赞孩子

当孩子努力去做了，或做得很好时，家长要及时予以称赞和鼓励，以调动孩子的积极性，增强孩子的自尊心和自信心。这种称赞尽量不要以实物的形式，如给孩子买玩具、买好吃的东西等，因为这样容易引起孩子的虚荣心，时间久了反而会阻碍他们的健康成长。

总之，身为青春期孩子的父母，我们必须认识到，虽然他是你的孩子，但他也是独立的人，他应该有自己的个性。如果总是把自己的想法强加给孩子，那么你就无法真正了解孩子的兴趣、爱好、特长在哪里，更会限制孩子的成长。因此，我们不应该把自己的价值观强加给孩子，而是应该学会从孩子的角度看问题。

第03章

这样和叛逆期的孩子沟通，让孩子对你敞开心扉

作为父母，我们都希望自己的孩子能成人成才，但是在教育孩子，尤其是青春期孩子的问题上，一些父母显得过于急躁。孩子一旦出了些什么问题，自己就先乱了方寸，以为大声呵斥就能让孩子听话。而实际上，这样做往往会事与愿违，我们需要明白的是，青春期孩子是叛逆的，要引导和教育孩子，就要和他进行心与心之间的沟通，我们只有放下架子，找到并掌握和孩子沟通的技巧，多倾听孩子的心声，才能引领孩子健康成长。

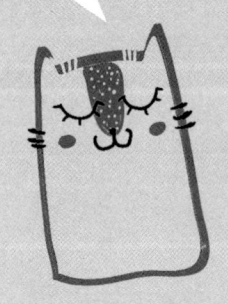

与青春期孩子顺畅沟通要从消除"代沟"开始

一位母亲这样陈述在教育中的苦恼:"女儿读初中后话也是越来越少,一到休息天就守在电脑前跟同学聊天、逛贴吧、看论坛。自己偶尔凑上去看他们聊的什么,结果竟然看不懂,都是什么'有木有''很稀饭'之类的词,问女儿是什么意思,女儿'切'了一声,很不屑的样子。"

"后来我到网上搜了才知道,现在网络上还有很多短视频平台,什么抖音、西瓜、快手等,我自己看得头都晕了。"

"前段时间女儿又改了个状态,写了句'金寿限无乌龟少',我更是看不懂。问女儿,女儿居然说我老土,这都不知道。后来,我自己上网搜了搜,才知道,这原来是前段时间热播的一部韩剧里的台词。不禁感叹,是这个年龄段的孩子太前卫了,还是我们真的太土了?"

另一位网友也感慨:现在跟女儿的话题真是越来越少了。平时女儿放学回家,他总是会问女儿想吃什么,女儿的回答常常是:"就知道问这个,随便!"考试完问女儿成绩怎么样,女儿的回答是:"就会问成绩,烦不烦!"给女儿买了新衣服,女儿的回答是:"就会买这样的,俗不俗!"

作为父母，当孩子进入青春期后，你是不是发现孩子不再像以前一样听话了，不再认为我们说的都是对的，他是不是经常对我们说"俗""土得掉渣""out了"等，从孩子的口中，你是不是会经常听到："我们同学都是这样说的。""人家都是这样穿衣服的。""什么都不懂，懒得跟你说。""你不明白的。"……这表明你们之间有代沟了。

代沟是指两代人因价值观念、思维方式、行为方式、道德标准等方面的不同而带来的思想观念、行为习惯的差异。当今社会，代沟严重影响了父母和孩子之间的亲子关系。进入青春期因孩子依附性减弱，独立性增强，从而使亲子两代人在对事物的认识上产生一定的距离。由于态度的不同及意见的分歧，因此出现了一条心理鸿沟，致使青春期的孩子认为父母不了解他们。有事的时候宁可与同学讨论，也不愿向家长诉说。甚至以不满、顶撞、反抗等方式试图摆脱成人或社会的监护，以自己的方式行事，坚持自己的想法和判断是非的标准。

大量事实表明，父母与孩子隔膜的症结不在孩子而在父母。例如，父母的冷淡磨灭了孩子倾诉的兴趣。每个孩子小时候都是爱向父母倾诉的，多是由于父母处理不当，致使孩子丧失了倾诉的兴趣。孩子既有饮食的饥饿，也有交谈的饥饿，父母往往只关注了前者，而忽略了后者。

常听到一些父母抱怨："孩子长大了，什么都不跟我们说，不知道他想的是什么。"也常听到一些青春期孩子说："懒得和父母说，说了他们也不理解。"

可见，与青春期孩子沟通顺畅，关键就是要消除亲子间的代沟。

听听教育心理学家的建议

1. 与时俱进，主动寻找共同语言

曾经有人做过一次调查，设计了一些问题。

你的孩子最喜欢做什么？他最崇拜谁？曾经哪件事最打击他？

父母与孩子都写下这些问题的答案，然后彼此对照一下。结果发现，没有一位父母能回答对一半以上的问题。

我们很多父母记得孩子的考试成绩，记得孩子喜欢吃的食物，但就是弄不清孩子崇拜的偶像是谁，他的偶像是做什么的。因此只有努力和孩子建立共同的爱好，足够了解孩子，他才能有和你交流的兴趣和欲望。

要知道，孩子们最需要的不是玩具和零食，而是亲密感情的表现形式。如了解他的思想，理解他，认同他，给他一个鼓励的拥抱等。记住，你的孩子已经进入青春期了，已经有了自己的爱好、思想等。家长应予以正确的引导和鼓励，不能以一成不变、简单粗暴的方式来约束他。突破传统教育的固定模式，家庭教育也需要与时俱进。父母应该在平时多留意社会的发展和孩子的想法，注意与孩子沟通，在了解他的想法后也与向老师沟通，双方配合合理引导，从而共同促进孩子的健康成长。

2. 平等交谈，增加与孩子共事的机会

现代社会，很多父母都很忙，孩子也每天忙于学习，导致亲子间的代沟越来越大。其实，我们也可以制造机会与孩子相处。例如，可以与

孩子一起晨跑，参加体育运动，如一起打球，一起游泳，一起旅游，这样不仅能增加与孩子沟通的机会，而且孩子也得到了锻炼。

　　我们的孩子在用现代化的眼光审视我们，逼迫我们去学习新东西，督促我们向现代化靠近！呆板的、单一的、简单的家教已经行不通了，父母要在人格魅力、学识素养等方面得到孩子的敬佩与爱戴。我们不妨改变一下自己，做一个与时俱进的父母，从而将代沟减少到最小。

与青春期孩子说话，别三句话不离学习问题

最近，林女士和她上初中的儿子关系闹得挺僵，她只好请一个做老师的朋友刘老师调解。

这天，刘老师来到她家，单独会见她的儿子。这个大男孩上小学时参加过刘老师组织的夏令营，对她很热情，也很乐意和她聊天。

"我妈对别人客客气气，对我却总是大发脾气。每天我妈下班一回来，我只要见她脸拉得老长，便立刻跑回自己的房间，把门关紧，省得挨骂。"说着儿子举出几件实例。

"你妈也不容易，她在单位是领导，操心的事不少。回家又要做饭，照顾你，够累的，爱发脾气可能是到了更年期……"

"更年期？"没等刘老师讲完，男孩就迫不及待地接过话头，"自打我上学，我妈脾气就这么坏，更年期怎么这么长？您给我来个倒计时，更年期哪天结束？我也好有个盼头！"

刘老师忍不住笑起来。她很同情这个男孩，事后她对李女士说，我们不能怪孩子不理解我们，我们也该改变改变自己了，尽管改变自己不容易。平时我们很在乎孩子的物质要求，注重对孩子生活上的照顾，却忽视了孩子内心的情感世界，尤其是忽略了自己在孩子心目中的形象。

林女士听到儿子对她的看法，说了句："如今当父母真难，我们小

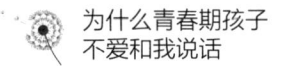

时候哪有那么多事！"可她还是答应，要改变自己对孩子的态度。

从这个案例中，我们看到了，要做好父母，与青春期孩子沟通真是不容易。可是问题出在哪里？也许是青春期这个特殊年纪的原因，也许是父母的沟通方法出了问题。

父母要注意与孩子的沟通方式。先反思一下：自己是否唠叨？与孩子的话题是否永远都是学习？是不是经常暗示孩子一定要考上大学？是否发现孩子越来越不愿意和自己交流？孩子是不是觉得自己越来越"土"？之所以请父母反思，是因为孩子在长大，或多或少会表现出逆反心理，我们越是要求他们，他们越不听。最好的做法是改变我们自己的态度，打开与孩子交流之门，缩短与孩子的心灵距离。

要知道，学习是大多数青春期孩子最反感父母与之谈论的一个话题，要想跟孩子做好沟通，最好避开这一话题。

不少父母会问，那我该和孩子聊什么呢？其实，要和孩子做朋友，就必须与时俱进，了解孩子在想什么，这样才有共同语言。那么，哪些话题更适合与青春期孩子沟通呢？

听听教育心理学家的建议

1. 谈点新话题

这些新话题应该是在青春期孩子们之间流行的。例如，最近哪个明星最红，足球赛哪个队赢了等。了解这些新事物，能让孩子觉得父母在与时俱进，在了解他们的兴趣，也就愿意与父母沟通了。

2. 谈点孩子感兴趣的话题

任何谈话，如果双方所交谈的是交谈者自己感兴趣的话题，他就会投入十二分的热情。但是如果他对所说的话题丝毫没有兴趣，即使场面再大，对方热情再高涨，也会觉得寡淡无趣。我们父母要想和孩子和平相处，并得到对方的认同，就要彻底了解孩子的喜好，了解他们感兴趣的话题。例如，孩子最喜欢的球星是谁？他喜欢什么样款式的衣服？他最喜欢做的事是什么？从孩子最关心的这些话题开始谈起，才会激发他的沟通意愿。

3. 谈孩子知道而家长不知的话题

时代在发展，社会在进步，孩子的思维和知识面未必不如父母。父母每天为了工作和柴米油盐四处奔波，也可能有很多不了解的知识。此时，我们可以向孩子请教，这样能让孩子感受到父母对自己的尊重，一旦打开了沟通的心门，再让孩子从心底接受父母的教育和引导也就不是难事了。

现代家庭中的教育已经不像从前那么简单了。作为家长，若想获得家庭教育的成功，首要是更新家庭教育思想和观念。每个时代有每个时代的家庭教育观念，现在我们应该既要把孩子当孩子，也要把他们当作朋友，当作一个与家长有平等关系的朋友。我们必须抛弃"天下无不是的父母"这种陈腐的观念。只有这样的沟通，才是平等的沟通，也才是能让孩子接受的沟通。

为什么青春期孩子不爱和我说话

想要孩子和你说话，先学会倾听孩子的心声

刘俊是某中学一年级的班主任，他关心班上的每个学生，并没有把眼光只放在那些学习成绩优异的学生身上。从初一开学到现在，已经有半个学期了，他发现班上有个叫王平的男孩子，感觉他不对劲。放学后，他宁愿在学校四处游荡也不愿意回家。于是，刘俊老师决定做一次家访。原来，问题出在孩子的爸爸身上。

"我爸回家我就进卧室，吃饭、做作业我都待在自己的房间里，早上等他上班了我再上学，一天下来基本上不说话。"王平这样形容自己和爸爸的生活，他们之间"井水不犯河水"，互不干扰对方。

"跟他们说话很累，根本就说不到一块去。"王平说，每次和爸爸说话，从来就是三句话不到就开始"热闹"了。

"其实我们父子俩哪有什么深仇大恨，我说他也是为了他好，但孩子倒把我当成仇人、陌路人。"王平的爸爸这样对班主任老师说。王平爸爸是个退伍军人，说话常有口无心而且又好面子，不愿意向孩子低头。而王平年纪小比较容易激动，又认死理，也许是这样才造成父子两人关系越闹越僵。上了初中后，王平对父亲那套"我是家长，我说什么你得听着"的理论保持沉默。"像现在这样大家互不干涉也挺好，没有吵架也安静多了。"在王平看来，这样陌生人般的父子关系似乎也

不错。

很明显，王平爸爸和儿子之间问题的症结是缺少沟通，而其中一个重要的沟通障碍就是王平爸爸放不下做父母的架子，与孩子之间形成了一种对抗关系，久而久之，孩子宁愿与他以陌生人的方式相处。

现实生活中，这样的家长又有多少呢？随着现代社会生活步伐的加快、竞争压力的加大，家长为了能给孩子一个优越的生活环境，常常由于工作忙碌而忽视了与孩子的沟通，没时间陪孩子一起成长。父母是孩子的第一任老师，也是孩子相处时间最长的朋友，在孩子成长的过程中，最需要的就是父母的关心，而孩子最愿意进行交流的也是父母，尤其是在孩子进入青春期以后，这种交流应该更为需要。因为在这期间，孩子的自我意识加强，他们渴望脱离父母的束缚，如果缺少父母的理解，亲子关系就会越发紧张，甚至对孩子的成长产生不利影响。

可能不少父母认为，只有在孩子面前树立威信，才能让他们对自己信服。于是，他们在说话时尽量提高音调，以为孩子会听自己的话。但结果却常常事与愿违。假如我们能用心地与孩子沟通，多听听他们的心声，让孩子感受到我们对他们的尊重，亲子关系也许会好很多。

那么，我们需要怎样倾听孩子的心声呢？

听听教育心理学家的建议

1. 再忙也要听他说

每一个青春期孩子都希望得到父母的理解。因此从现在起，父母应该每天哪怕是抽出2小时、1小时，甚至是30分钟都好，做孩子的听众和朋友，倾听孩子心中的想法，忧其所忧，乐其所乐。当孩子有安全感或信任感时，就会向其信任的成年人诉说心里的秘密。这样父母才有可能经常倾听到孩子的心灵之音，孩子才会在父母的爱中不断健康地成长，快乐地度过青春期！

2. 耐心听完孩子的叙述，不要急着打断他

生活中，一些孩子说："每次，我想跟爸妈谈谈心，刚开始还能好好说话，可是爸妈似乎都是以教训的口气跟我说话，我还没说完，他们就开始以父母的身份来教育我了，我真受不了。"其实，这些家长就是不懂得如何倾听，倾听的首要前提就是要有耐心，让孩子把话说完，再提出解决的方法，这样才会让孩子感受到尊重，才能达到双向交流的作用。

因此，无论孩子是向你们报喜还是诉苦，你们最好暂停手边的工作，静心倾听。若边工作边听，也要及时做出反应，表达出自己的想法或感受，倘若只是敷衍了事，孩子得不到积极的回应，日后也就懒得再与大人交流和分享感受了。

3. 不要急着否定他，给他更多解释的机会

作为家长，给孩子更多解释的机会是非常重要的。当孩子提出疑问或异议时，我们可以耐心倾听他们的观点，并为他们提供更多的解释和信息。这样可以帮助他们理解问题的不同层面，并培养他们的批判性思维能力。同时，也可以借此机会与孩子建立更亲近和开放的沟通关系。

第 03 章
这样和叛逆期的孩子沟通，让孩子对你敞开心扉

不得不说，青春期孩子的父母都望子成龙、望女成凤，但在教育孩子的问题上，一些父母显得过于焦躁，孩子一旦出了什么问题，就乱了分寸，以为大声呵斥就能让孩子听话。而实际上，这些父母是否想过：你们要求孩子听话和了解你们的意思，但你们有没有了解过孩子的想法呢？沟通要求父母能主动将自己的内心世界向孩子表达，同时也多倾听孩子的心声。这样才能了解孩子心中的所思所想，而后"对症下药"，给予适当的引导，使孩子健康成长。

为什么青春期孩子
不爱和我说话

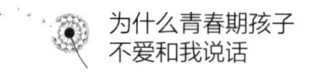

尝试运用非语言的方式与孩子沟通

有一天，小区几个孩子的母亲在一起聊天。

其中一个母亲说："最近我们机构要组织一个训练营，有很多内容是我都不知道的，其中就有一个和孩子使用非语言的交流方式。"

"那是什么啊？"

"在孩子小的时候，我们都愿意去抱抱孩子、亲亲孩子，那时候孩子与我们那么亲密，小家伙们一天都离不开妈妈。可是现在，孩子大了，我们照顾孩子的时间也少了，孩子离我们也远了，但我们仍然要记得每天晚上在孩子睡觉前亲一下他的脸颊，当孩子受到挫折时，我们要给孩子一个安慰的拥抱。"

"是啊，似乎我们把这些都遗忘了，我们要拾起那些被我们遗失的爱，孩子肯定还会重新回到我们的怀抱的……"

"是啊，那赶快去吧，明天训练营就要开课了，你们肯定会受益匪浅的。"

你是否发现，当孩子还小的时候，我们会特别留意他，会留意孩子的声调、面部表情、动作、姿势等，会用自己的行动表达对孩子的爱。可当孩子进入青春期后，做父母的反倒把这种表达爱的方式搁置了，而这种细微的变化很多父母都没有注意到。很多家长抱怨说："都说孩子进入青春期之后就容易'较劲'，但我发现我家孩子对别人都是好好的，一回到家里就专门跟我们对着干，就好像他的'较劲'对象就是我们一样。"事实上，没有教不好的孩子，只有不好的教育方法。只要方法妥当，任何孩子都是优秀的。家长只要用心，总能找到合适的教育方法，而孩子更需要的是家长的爱和关心。

语言是我们沟通的常用工具，但人类除了语言，还有其他的交流工具，如身体语言。人们的一颦一笑甚至一个眼神，都体现了某种情感，某个想法，某种态度。

很多人认为语言的交流方式给人提供了大部分的信息。语言学家艾伯特·梅瑞宾的研究表明，人与人之间的沟通高达93%是通过非语言沟通进行的，只有7%是通过语言沟通的。而在非语言沟通中，有55%是通过面部表情、形体姿态和手势等肢体语言进行的，只有38%是通过音调的高低进行的。

由此可见，非语言信息在沟通过程中是多么重要。然而，一份社会调查却显示，在亲子之间的沟通中，非语言沟通常常被忽视。当然，这一现状也与孩子有很大的关系。

事实上，很多家长一直采用错误的非语言沟通方式与孩子交流，例如，经常向孩子发脾气、拍桌子、摔东西等，这些都会被孩子理解成你极度嫌弃他的信号。这些非语言行为都是拒绝沟通的信息，它会阻碍亲子之间的沟通，破坏亲子关系。

那应该如何运用非语言的沟通方式呢？

> 为什么青春期孩子
> 不爱和我说话

听听教育心理学家的建议

1. 用眼神"教育"孩子

身体接触往往能比语言更好地表情达意。有时候哪怕一个鼓励的眼神和微笑,都会让孩子充满无穷的动力。因此,聪明的父母总是会在某些时刻给孩子一个肯定、坚毅的眼神,让孩子更自信。

2. 用握手向孩子表达友好

有研究人员曾通过实验研究了握手的效果,结果表明:身体的接触能增强人与人之间的亲近感,即使是初次见面的人,也有同样的效果。为了强化这种效果,有人会伸出双手与人握手,这样的人大多非常热情。

想必大多数父母也明白握手是一种表达友好的方式,是平等沟通的一个表现。而青春期孩子,都希望与父母平等地对话。因此,日常生活中,如果我们能把这一非语言沟通形式放到对孩子的培养中,相信能起到一定的积极作用。

3. 给孩子一个拥抱,给他力量

例如,如果你的孩子取得了一个好成绩,做父母的需要赞扬、鼓励他,这时,如果家长单纯地用语言与他沟通,告诉孩子:"孩子你真棒,妈妈因为你而骄傲!"他也会很高兴,但是这种高兴劲也许没过多久他就会忘记。如果父母运用非语言与他沟通,微笑地走向孩子面前,先给他一个拥抱,然后再告诉他:"孩子,妈妈为你而骄傲。"这样,他将永远也不会忘记妈妈对他的赏识和鼓励。

总之，在生活中尝试着用非语言的方式与孩子沟通吧，但还需要注意以下三点：

第一，尝试以身体接触代替言语交流；

第二，有些孩子不喜欢太多的拥抱，不要强迫孩子，可以尝试寻找其他与之亲近、感受亲密、向他示爱的方式；

第三，当身体接触的习惯逐渐消失的时候，可以在睡觉前或看电视的时候，或者只是紧挨孩子坐着时，轻轻抚摸他的前额、脑袋或手，可以使身体接触的习惯重新回到你们家中。

第04章

会听才能实现有效沟通,
　多倾听孩子就能多说

不少父母会感到疑惑，为什么以前乖巧听话的孩子到了青春期就不愿意与他们进行沟通。对于这一点，家长首先要反思是否做到了能够常常倾听孩子的心声。倾听是实现亲子之间良好沟通的第一步，也只有做到这一点，家长才能站在孩子的角度理解孩子的想法，才能真正进入孩子的世界。因此要用心体会青春期孩子多变的情绪、想法、需求等，当孩子真正接纳你后，他们便愿意向你敞开心扉了！

第04章
会听才能实现有效沟通，多倾听孩子就能多说

青春期孩子的心事需要被倾听

似乎上了初中以后，小美变得越来越不听话了，经常在学校和同学吵架、闹矛盾，甚至惊动了班主任。班主任只好把小美爸爸请到了学校。这不，小美这几天又和同桌动手了，还抓破了对方的脸。回家后，小美爸爸并没有训斥女儿，而是心平气和地把女儿叫到身边。

"我知道，老师肯定又把你请去了，我看我今天是少不了一顿打了。"女儿先开了口。

"不，我不会打你，你都这么大了，再说我为什么要打你呢？"爸爸反问道。

"我在学校跟同学吵架，还打了同学，给您丢脸了呀。"

"我相信你不是无缘无故这样做的，对方肯定也有做得不对的地方，是吗？"

"是的，我很生气。"

"那你能告诉爸爸为什么你会跟人动起手来吗？"

"他们都知道你和妈妈离婚了，然后就在背地里取笑我。今天正好被我撞见，我就让她们道歉。可是她们说得更厉害了，我一气之下就跟带头的同桌动起手来了。"女儿解释道。

"都是爸爸的错，爸爸错怪你了，以后别的同学那些闲言碎语你不

要听。努力学习，知道吗？"

"我知道了，爸爸，谢谢您的理解。"

小美的爸爸是个懂得理解与倾听女儿心声的好爸爸。女儿犯了错，他并没有选择粗暴地责问或无情地惩罚，而是选择了倾听。倾听之中表达了对女儿的理解，让女儿感受到了爱、宽容、耐心和激励。试想，如果他在被老师请去学校后就大发雷霆，不分青红皂白地将女儿打骂一顿，结果会是怎样呢？结果可能是父女之间的距离越来越远，女儿的叛逆行为也可能越来越明显。

一方面，孩子身体的迅速增长给他们带来很多困惑，他们不知道如何倾诉；另一方面，学习难度加大、学习紧张，也容易累积负面情绪，这都需要父母的理解。如果我们对孩子的心声置之不理，那么亲子关系就会越发紧张，甚至对孩子的成长产生不利影响。

可见，父母不愿倾听、理解孩子的结果可能是失去"倾听"的机会。常有家长这样抱怨：真不知道我家孩子是怎么想的，总是不肯好好听我说话。父母应该反问自己：作为家长，你有没有听过他说话？我们把大量的时间用来批评和教育他，却忽略了倾听。父母应该做的不仅是为孩子提供良好的物质生活环境，也应该去倾听他的内心，让彼此间的心灵更为亲近。

听听教育心理学家的建议

1. 摆正姿态，放下架子，真正平等地和孩子沟通

生活中，一些孩子说："每次，我想跟爸妈谈谈心，刚开始还能好好说话，可是爸妈似乎都是以教训的口气跟我说话，我还没说完，他们就开始以父母的身份教育我了，我真受不了。"其实这些家长就是不懂得如何倾听，倾听的首要前提就是和孩子平等地对话，这样才能达到双向交流的目的。有时和孩子发生矛盾在所难免，但要等孩子把话说完，再提出解决的办法，这才会让孩子感受到尊重。

作为父母，一定要放下架子，主动与孩子交流，然后认真倾听，只有让孩子体会到家长对自己的尊重，孩子才能更加信任家长，实现和家长以心换心、以长为友。在这种条件下，孩子对家长完全消除隔膜、敞开心扉，而这一过程也是一种非常美好的享受。

2. 摒弃成见，孩子的想法未必不正确

作为大人，很多时候会认为孩子的想法是不对的，甚至是不符合常规的。如果抱着这样的心态倾听孩子，就会有一种先入为主的想法，会把孩子的话摆在一个"幼稚可笑"的立场，孩子自然得不到理解。其实孩子也是有自己思想的人，他也有一个丰富的心灵，我们要特别注意倾听他们的心声。

3. 善用停、看、听三步曲

当孩子产生一些不良情绪的时候，做父母的要察觉出来，然后主动接触孩子，运用停、看、听三步曲来完成亲子沟通这个乐章。"停"是暂时放下正在做的事情，注视对方，给孩子表达的时间和空间；"看"是仔细观察孩子的面部表情、手势和其他肢体动作等非语言的行为；"听"是专心倾听孩子说什么、说话的语气声调，同时以简短的语句反馈给孩子。

可能孩子做得不对，但家长不要急于批评他。家长应该在倾听之

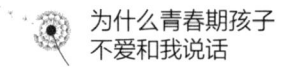

后，对孩子表达自己的看法，当孩子接纳你、信任你之后，你再以柔和而坚定的态度和他商讨解决之道，从而激励孩子反省自己，帮助他从错误中学习成长。

先表达理解和鼓励，孩子才会畅所欲言

这天，两个母亲聊起孩子的教育问题，其中一位母亲在心理诊所工作。

"你女儿还小，还好教育一点，孩子越大，越不好管啊。"

"可不嘛，尤其是现在的青春期，一个个都很叛逆，女孩也不例外啊，就说昨天吧，一上午我们就接待了三位家长和他们的孩子，家长抱怨和孩子无法相处，孩子什么都不跟自己说，他们不知道孩子一天在干什么。而作为孩子，也觉得父母不理解自己。久而久之，他们也不愿意跟父母沟通了，有的会跟同学倾诉，而有的宁愿把心事憋在心里也不跟父母说。"

"是啊，孩子进入青春期，也就进入了叛逆期。其实做父母的也都知道，孩子封闭内心也不全是孩子的问题，如果我们多理解和鼓励她们，跟他们做朋友，可能孩子就不会有那么大的抗拒情绪了，也愿意敞开心扉了。"

"你这句话倒是提醒了我，我家闺女也说要和妈妈做朋友，我还说她是胡闹呢，看样子，的确有道理啊。"

这一案例告诉父母一点，青春期孩子更需要被父母理解，只有先了解孩子，才能走进孩子的内心，才能让孩子对父母畅所欲言。

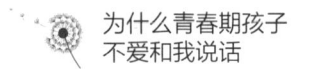

学生最主要的任务就是学习。孩子进入青春期后，所学习的科目比从前显著增多，学习任务急剧加重。另外，随着身体上的巨大变化，他们的情绪、心理都随之发生了很大的变化。孩子认为自己已经是大人了，但他们仍然面临着很多烦恼，这都让他们变得敏感、叛逆。这时，如果父母不理解他们，总是认为孩子封闭内心是孩子的错，或者用粗暴的方式干涉，往往只能让孩子更疏离。

如何教育出阳光、知性、大方的孩子，是很多孩子的家长在思考的问题。而以往失败的教育经验告诉我们，教育孩子不能用老方法了，如果想把孩子教育好的话，就要懂得他心里在想什么。而要做到这一点，有个好办法，就是像交朋友一样走近孩子的身边，在他需要帮忙时，父母是他的朋友，在他需要关怀时，父母是他唯一的依靠。这样，父母才能真正了解孩子，才能以朋友的语气和孩子交流沟通。

作为青春期孩子的父母，该以怎样的方式来理解并鼓励孩子呢？

听听教育心理学家的建议

1. 了解、理解、信任你的孩子，让他感受到你的爱

可怜天下父母心，每个父母都是爱孩子的，但不同的父母教育的结果却不同，为什么有的家长能跟孩子和谐相处，情同知己，有的却水火不容、形同陌路。这就是教育方法的不同所带来的结果。父母首先要了解孩子，关注孩子的成长过程，孩子进入青春期，烦恼的事情多了，有时候脾气坏，情绪失控，对此，家长要理解。只有了解孩子在青春期的特点，才能知道孩子叛逆的原因，才可以对症下药。

2. 鼓励你的孩子，给足其自信心

无论你的孩子在考试中取得了怎样的成绩，你都要给予鼓励。告诉他："你真棒！""你已经尽力了！"父母的肯定与赞扬是孩子奋发向上的灵丹妙药。如果你还想成为孩子的朋友，简单的一句话是不够的，你可以帮助他制订一个适合他的学习目标，但一定要先看看他的现状和他的潜能，尤其有些孩子目前成绩不是很理想，一个比较切合实际的办法是，帮他制订一个分阶段的学习目标。这个目标要以他现在的成绩为基点，不妨把你的期望值放低一点，这样孩子的压力也小一些。当孩子成功时，你可以和孩子一道分享这难得的喜悦！而这更能增强他的自信心。

3. 适当"讨好"一下你的孩子，缩短彼此间的心理距离

当然，这里的"讨好"并不具备任何功利的目的，而是为了加强亲子关系，父母可以偶尔赞扬一下孩子，或者带孩子出去散散心等，让孩子感受到家庭的温暖，彼此间的心理距离就拉近了。

4. 尊重孩子，平等交流

家长要学会跟孩子聊天，不要认为孩子的世界很幼稚，对孩子的话题不感兴趣，不论孩子说什么，最好表现出感兴趣，这样他才有跟你交谈的欲望。

对于很多家长来说，望子成龙、望女成凤是他们的愿望。但当青春期到来，你的孩子开始变得叛逆时，你们是否反省过自己的教育方法？如果你们真的要孩子成才，就应该注意一下自己的教育方式。要关注孩子的成长，理解他，尊重他，鼓励他，做孩子的朋友，或许他会"听话"起来！

多听少说，与青春期孩子换个沟通方式

璐璐是某中学初二的学生，也是独生女，在家里她就是"小公主"，爸爸妈妈生怕她遇到什么不开心或者委屈的事。除了工作外，他们把所有的精力都投入到璐璐身上，璐璐也一直感觉自己很幸福。可是一上中学后，特别是到了初二，璐璐的爸妈发现，女儿好像变了很多，心里总是有很多秘密似的，而女儿也不主动与自己沟通，这让他们很担忧，所以努力想改善现在的关系。于是，在璐璐生日那天，他们特地带着璐璐去了她最喜欢的自助餐厅。

来到餐厅后，妈妈取了很多璐璐爱吃的食物，然后和爸爸一起对璐璐说："生日快乐！"他们本以为璐璐会开心地一笑，没想到璐璐很冷淡地说了一句："谢谢！"这让他们很意外。

"你怎么了，有什么不开心吗？记得你小时候最喜欢我们给你过生日了！"妈妈疑惑地问。

"没什么，吃吧！"璐璐依旧低着头，轻声说。

"大宝，你要是遇到什么学习上的问题，一定要跟妈妈说。"妈妈继续说。

"真的没什么。"璐璐已经有点不耐烦了。

"可是你今天真的很不对劲啊，你要是不跟我说的话，明天我去学

校问老师。"

"你怎么总喜欢这样啊,烦不烦?"璐璐说话的音量明显提高了很多。

这时,爸爸打破了母子之间的尴尬,笑呵呵地说:"我们女儿长大了啊!女儿说说,今天在学校都发生了什么新鲜事儿啊?"

璐璐抬起头,淡淡地说:"没什么事儿,每天都一样上课、下课。"爸爸不知如何回应,饭桌上一片沉默。

我们发现,这段亲子间的对话毫无效果,其实原因是多方面的,璐璐的爸妈在沟通技巧上还有待学习与提高。

青春期的孩子既"多愁善感",又"喜怒无常",感情细腻又多变。因此,他们非常需要父母的呵护。有时一个不小心,他们就可能学习成绩下滑或者结交一些不良朋友等。因此,我们都会对孩子的一举一动相当敏感,总是担心他们这个弄不好,那个做不好。父母应该相信孩子,给孩子独立的空间。有时候孩子的一些行为父母不认同,其实只要不是原则上的错误,不如让孩子自己去碰碰钉子。

我们容易忽视的一点是,这一阶段的孩子独立性增强,总希望得到他人的认可和尊重,希望摆脱成人的约束,渴望独立。他们不愿意再像"小孩子"一样服从家长和老师,他们希望获得像"大人"一样的权利。因此,青春期孩子最讨厌的就是父母的唠叨,他们会觉得父母很啰唆!

父母本来应是孩子最愿意倾诉的对象,可到了青春期,这种情况就改变了。父母的问候变成了唠叨，甚至招来孩子的厌烦。虽然处于这个时期的孩子渴望倾诉、渴望被理解，但他们更像一个长满了刺的刺猬，这就给父母与孩子沟通造成了很大的障碍。那么，父母在这种情况下应该怎么做呢？

听听教育心理学家的建议

1. 少说话，善于察言观色

日常生活中，我们对孩子的关心不一定全部要通过语言表达，我们不妨学会察言观色，从一些小细节上发现孩子细微的变化。

另外，即使与孩子交流，我们也要对孩子的反应敏感些。孩子对谈话内容感兴趣时，可深入探讨话题，一旦发现孩子有厌烦情绪，就应立即停止或转移话题。即使找到交流的话题，也应力求谈话简短有趣、目的明确，切忌啰嗦，以免造成切入点选择不够精准，出现交流效果不佳的情况。

2. 用"小纸条"代替你的唠叨

沟通不一定是"用嘴说"，用小纸条也是不错的方法。

如果父母工作繁忙，可以在出门前写一张便签，如"冰箱里面有一杯牛奶，三个西红柿，不要忘记吃水果。"在写字台上可以写："请注意坐姿，别忘了做眼保健操。"这样可以让孩子知道父母的关爱。

3. 关心孩子不一定非得询问学习状况

孩子的成才应该是全方位的，只抓孩子的学习，对孩子全面发展是极易产生负面作用的。作为父母，若想和孩子沟通，就需要多关注孩子除了学习外的其他方面。如果你的孩子是个时尚迷，那么你可以默默帮孩子搜集一些相关信息，孩子在感激后自然愿意与你一起讨论最新的时尚信息等；如果你的孩子爱唱歌，你可以在节假日为孩子买一张演唱会门票，相信他一定备受感动，因为他的父母很贴心、明事理。

这种类型的交流是"润物细无声"的，它没有居高临下的威迫感，极具亲和力，孩子也容易打开心扉，接受与父母的交流。

当然，让孩子打开心扉，与孩子交流的方式、方法远不止这些。但总的原则是：一定要让孩子觉得父母是在真正地关心他，并且是从心底里关心的那种。

进入青春期孩子的世界，尝试和他做朋友

杨太太是一名家庭主妇，虽然生活不是大富大贵，但她很满足，因为她有个可爱又听话的女儿。但不知道为什么，孩子到了初中后，似乎一下子变了很多。

这天晚上，为了庆祝女儿期中考试升入前五名，杨太太和丈夫早早地下了班，做了一桌子的菜。

饭桌上，杨太太一脸笑意，夸奖女儿学习努力。

"你们班这次考第一的还是赵玲玲？"杨太太顺口问。

"嗯。"女儿很冷淡地回答。

"赵玲玲这孩子从小就聪明，平时也很有礼貌，见到我们都积极地打招呼，以后肯定是个重点大学的料子。"杨太太说。

"得了吧，就她？整天就会'装'，我们班同学都很讨厌她，马屁精，也就老师喜欢她。"听到杨太太的话，女儿很气愤地辩驳道。

"那她总归是第一名啊。"

"切，第一名又怎么样，没人稀罕……"说到这儿，女儿更气愤了。最后，她放下碗留下一句："我去看电视了，你们慢慢吃。"这一举动让杨太太感到很奇怪。

为什么杨太太夸奖其他孩子，她的女儿会嗤之以鼻呢？其实，这是一种青春期逆反心理的表现。进入青春期后，孩子的独立意识开始慢慢增强，并有了自己的想法，此时，他们更希望父母以及周围的人把自己当作成人来看，但实际上他们还是父母眼里的孩子。因此，为了让父母对自己改观，他们一般会唱反调来标榜自己。而这里，杨太太夸奖的是其他孩子，那么在她孩子的眼里，自己自然不如母亲口中的这位同学，这就更加引起了孩子的不满，最后，本来其乐融融的气氛变得僵硬起来。

很多父母都感叹，为什么孩子到了初中之后话越来越少、人越来越"叛逆"，甚至无论父母说什么，他们总是不屑一顾、嗤之以鼻？难道是他们的价值观有问题吗？其实并不是，青春期孩子是一个渴望脱离父母庇佑的群体。然而，他们并不能完全独立生存，不能独立面临生活的压力、学习上的困扰等。此时，他们只能"空喊口号"，在"行为语言上"反抗父母。于是，和父母唱反调就成了他们宣告独立的重要方式。

然而孩子的这一态度无疑会给亲子关系带来障碍，让很多父母无法适应。那么，针对这一问题，父母应该怎么与孩子好好相处和沟通呢？

听听教育心理学家的建议

1. 孩子不认同的事或物，我们应了解原因

很多父母一听到孩子反对自己的观点，就不问原因加以斥责，长此以往，孩子自然会疏远你。当意见不一致时，父母可以给孩子辩驳和阐述理由的机会，听听孩子的看法。虽然孩子的世界是不能完全理解的，但并不意味着他们是错的，我们只有试着了解，才能进一步理解他。

2. 进入孩子的世界，让孩子慢慢喜欢你

父母可以尝试学习孩子感兴趣的事物，与孩子有共同的爱好，这就为亲子间的交流提供了契机。渐渐地，孩子逐渐认可父母，自然也就愿意与父母聊天，也比较容易接受父母的建议。

3. 尝试跟孩子交朋友

青春期孩子特别渴望交朋友，这就是为什么他们会有自己的朋友圈子，从而不愿与父母交流，对父母的观点也嗤之以鼻。而父母要是和自己的孩子交上了朋友，就不需要再为不知道怎么跟孩子交流而烦恼了。

父母一定要主动放下架子，主动去和孩子交流。例如，针对上网这一问题，父母不能盲目反对，因为孩子在上网时也会有收获。可以看看孩子在上网时最爱做什么，看看孩子喜欢玩什么，那么，在休息时间试着跟孩子一起玩玩，可以让孩子更加喜欢你。

第05章

青春叛逆期，孩子出现这些心理问题如何疏导

很多青春期孩子都成长于被父母和长辈呵护的家庭环境中，他们被父母宠着、惯着，导致他们产生了一些"心理问题"，诸如自私、冷漠、小气、有依赖心理、盲目攀比等。很明显，这样的孩子是很难成长为一个健康、快乐的人的。如果你的孩子也是如此，那从现在起，你就应该留心注意他的行为，并帮助其做好心理疏导，进而把孩子历练成一个快乐、阳光、积极、坚强的人。

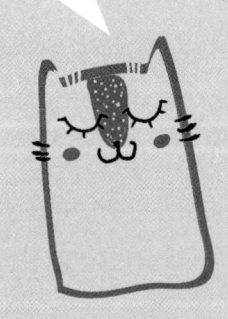

孤独心理——如何让孩子敞开心扉

张女士是一名公务员,在单位颇有业绩的她也对女儿寄予了厚望,希望女儿能按照自己的想法规划人生,女儿一直也是大家公认的乖乖女,但不知从什么时候起,女儿好像变得孤僻了,再也不愿意和自己包括周围的长辈们说话了。

最近一段时间,张女士还发现,女儿的书包里好像多了一本日记,难道女儿有什么秘密?不会是交了男朋友吧?怀着强烈的好奇心,一个周末,张女士趁女儿不在家,看了日记,令张女士意外的是,女儿并没有什么秘密,日记的内容只不过是对学习压力的倾诉,以及与好朋友相处的过程中遇到的问题。

看到这些,张女士悬着的心终于放下了。但从这件事之后,细心的女儿居然给日记上了锁,这让张女士又产生了很多疑问。

案例中张女士的教育方法很明显不恰当,她的做法只会引起女儿的反感。有时候青春期的孩子喜欢写日记,并不是因为他们有什么见不得人的秘密,他们只是需要找一个倾诉的对象。这是因为青春期孩子都有孤独心理。

青春期孩子似乎永远都把日记本当作送给自己的第一份青春期的礼

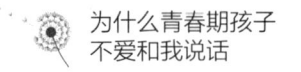

物。那么他们为什么喜欢写日记呢？

孩子一到青春期，随着身体上的发育，他们在心理上也产生了种种变化。他们对以前父母灌输给自己的种种思想会产生质疑，甚至不再相信成人。因此，他们既觉得孤独，又觉得需要一个倾诉的对象。此时，他们会选择一个完全属于自己、父母不会干涉到的空间，并将属于自己的心情、小秘密都倾诉出来。于是，他们会锁上房门，打开日记本，将一天遇到的快乐的、不快乐的、激动的、气愤的、伤心的事情都写下来。当他们写完起身时，发现心情平复了，感觉也好多了。虽然问题可能还是存在，事情未有转机，但他们已经把部分极端的情绪从体内转移到了日记本上，这时心里也轻松了许多。

父母除了要保护孩子的日记外，还要找到与孩子的沟通方法，只有这样才能让他们对你敞开心扉。

听听教育心理学家的建议

1. 了解青春期孩子身心发展的特殊性

处于青春期的孩子身心发展迅速且不平衡，很容易出现各种问题，包括变得孤僻。但家长也不必焦虑，而应调整心态，以平常心对待，否则反而会影响亲子关系。

2. 改变以往的教养方式

我们不能再以对待小孩子的方式对待正在向成人转化的青春期孩子。对孩子要有尊重的意识，孩子是一个独立的个体，不能以自己的想法代替他们的想法。所以要学会倾听孩子的心声，而不是一味地管教。

这样才能化解孩子的对立情绪，他们才愿意把心里话说出来。

3. "蹲下来看孩子"

理解孩子就要学会和孩子沟通。怎样沟通？就是"融进去，渗出来"。蹲下来，你才能看到和孩子眼里一样的世界，就更容易理解孩子看到了什么，他们在想些什么。只有这样亲子间才可以达到有效的沟通。

家长不要再把青春期孩子当作"小孩子"来对待。要放手让他们独立处理一些事情，尊重他们的意见，信任他们，主动和孩子商量家中的一些事情，满足他们的正当要求。

比较心理——教育出脚踏实地的孩子

案例1：

"爸爸，以后你接我放学的时候就不要来校门口了，离学校远点儿行吗？你骑个自行车来接我，别人的爸爸都是开汽车，我们班同学都笑话我了。"听到11岁的女儿对自己说这样的话，王先生既生气又无奈："真的很心痛，女儿竟然嫌弃我骑自行车，觉得丢人。"王先生决定以后不再接送女儿，让她自己坐公交车慢慢体验生活。

案例2：

刘先生经营着自己的一家小公司，一家人和和美美，尤其是在女儿甜甜出生后，他更觉得家庭美满。为了让女儿有个好的成长环境，妻子辞去了工作，专门带孩子。

妻子也一直把女儿当成心肝宝贝一样疼着，总是尽自己的力量将女儿打扮得像小公主似的，邻居阿姨也常常夸赞甜甜很乖巧。一直以来，甜甜也是一个品学兼优的孩子。可是，自从上初中后，刘先生遇到了一件烦恼的事。上周末，小区里几个同龄孩子在一起聊天，随口说着自己都去哪里玩过，甜甜突然说："我爸爸带我去日本旅游了，我看到好多没见过的鱼……可好玩了。"刘先生吃了一惊，他们从来没去过日本，这孩子怎么撒谎呢？

青春期孩子都有比较心理，也就容易产生虚荣心。这是孩子心理发育过程中的正常现象，引导好了可以转化为进取心，帮助他们积极进取。如果不加重视，任其发展，孩子心浮气躁，很难脚踏实地，长大后很可能喜欢弄虚作假，沽名钓誉。

处于青春期的孩子，在知识经验的不断积累中，开始建立独立的世界观、价值观。他们对许多事情已经有自己的见解，在与同龄人交往的过程中，喜欢做第一，希望得到大家的认同和喜欢，自然也就产生了与周围人比较的心理。此外，"爱面子"是我们普遍会有的一种心理，这些都会或多或少地影响着孩子成长。在大环境下，孩子自然会有盲目的从众性。除了社会客观原因外，也有家长本身的原因，有的家长常常会无意识地在孩子面前显露虚荣言行。例如，拜金主义，一切用钱摆平；与地位高的人交朋友，看不起普通人等，这都会潜移默化地影响孩子。

通常来说，孩子会通过以下几种方式来展示自己：

1. 比物质、家庭环境和外在条件

这一点往往在那些学习成绩较差的孩子身上体现得更为明显。学习上比不过别人，他们就比物质、比外在条件。

2. 比学习

孩子在学习上有竞争意识固然很好，但孩子如果把成败看得太重，

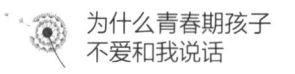

就很容易走上为了成功不择手段的道路。

家长该如何帮助孩子正确看待竞争呢?

听听教育心理学家的建议

1. 引导孩子树立正确的价值观

家长应该告诉孩子,通过自己劳动努力获得的东西是值得人尊重的,名牌并不是地位高的象征。家长可以创造一些家务劳动的机会,让孩子自己挣钱购买所需要的东西。教育孩子根据自己的需要买东西,不盲目地与别人攀比,让孩子学会理性消费,学会理财。

2. 为孩子做榜样

家长自己应该摆正心态,不盲目追求物质享受。

3. 引导孩子正确看待得失、成败

家长要让孩子明白,学习好并不代表一个人就是成功的。青春期孩子应该注重德、智、体、美、劳全面发展。同时,父母也要让孩子明白,并不只有结果重要,让孩子学会看重过程,看淡结果。

烦躁心理——帮助青春期孩子疏解心理压力

近日,张女士带着自己的女儿来到上海一家心理诊所。张女士说,女儿名叫西西,在上海某重点中学读初三,学习成绩一直名列前茅,这让学校老师和父母感到很欣慰。但随着中考的临近,西西在情绪上出现了很大的波动,突然觉得心情紧张、抑郁,有种莫名的烦躁令她经常发脾气,甚至产生了厌学的念头。同时西西的身体也出现了一系列异常,她感到无精打采,四肢乏力,小腹坠痛,出现了月经紊乱。西西这些奇怪的症状让张女士认识到问题的严重性,只好求助心理医生。

针对西西的问题,心理医生说,性情烦躁、动辄发脾气是因为压力大,烦恼无处宣泄。实际上,像西西这样的情况在青春期孩子中很常见。

孩子到了青春期,除了要承受身体发育带来的烦恼外,还必须面临残酷的升学竞争。而现在的家长对孩子往往寄予厚望,等于无形中施加给他们更大的压力,这就容易造成孩子身心负担过重,继而产生厌学情绪。加之有的学校为了提高学生成绩,孩子每天的学习时间可长达十几个小时。正常的饮食、休息得不到保障,久而久之易造成孩子营养缺乏、过于疲惫、精神萎靡,体内正常的生物节律被打乱,导致内分泌失调,继而出现烦躁不安等一系列症状。因此,心理医生建议,家长应根

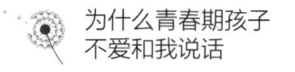

据孩子具体情况，科学合理地安排孩子生活的作息时间，以一颗平常心看待学习成绩。

因此，我们在和孩子交流、沟通的时候，一定要先理解孩子烦躁的原因，接纳孩子的情绪，同时也要给予恰当的引导、教育。帮助孩子认清认知、信念在情绪中的重要作用，使孩子树立起自我控制情绪、摆脱情绪困扰的信心。总之，帮助孩子缓解学习压力，既要治标，也要治本。

听听教育心理学家的建议

1. 转变教育观念与思想，消除孩子学习上的"压力源"

在这里最重要的是破除"成功唯有上大学一条路"的思想。家长要认真思考孩子的兴趣爱好，和孩子一起精心规划他们的成才之路。对于学习确实存在障碍的孩子，要在科学分析的基础上因材施教。

2. 帮孩子树立正确的学习动机

学习动机是青春期孩子学习的根本动力。随着年龄的增长，只有不断地明确并认识到学习在未来社会中的重要性，孩子的学习才会有持久的动力。

一些家长爱用"将来没饭吃""不读书一辈子干苦力"等话语教育孩子，这样既没有给孩子讲道理，又没有直接激发孩子的具体实例，往往不会起任何帮助作用。

兴趣才是最好的老师，孩子的学习也是如此。只有让孩子真的爱上学习，他们才能化压力为动力。因此家长要注意经常鼓励孩子，逐渐激发他的兴趣，并潜移默化地向他灌输社会理想，帮助他将目光投向社会、世界和未来。

3. 帮助孩子养成良好的学习习惯

学习压力大的问题多半出现在那些学习困难、成绩不理想的孩子身上，这不是因为孩子的智力问题，而是没有养成良好的学习习惯。例如，他们上课不认真听讲，注意力不集中，缺乏耐力和持久性，做事敷衍了事，不认真等。

因此，父母要从小注意培养孩子良好的心理素质，用日常生活、游戏、习作等方式，有意识地训练孩子的注意力、认真态度、较长时间专注一件事的习惯和严谨的为人处世态度。

4. 切实帮助孩子解决学习上的问题

很多父母关心孩子的学习情况，但只是把眼光放在孩子的成绩上，而没有认识到孩子有时候也需要家长在学习上的辅导与帮助。有的孩子因为某一个问题没弄明白，一步没跟上步步跟不上，渐渐失去了学习的信心和兴趣。所以家长要真正关心孩子，要注意他是否能跟上学习进度。有条件的家长每周都要和孩子一起总结一次，发现孩子哪里出现了问题，然后要及时补上。有的时候还要请专门的老师给以专题辅导。如果孩子在学习上的困难得以解决，他们的学习兴趣必然能够得到提高。

5. 教会孩子化解心理压力

这里，介绍以下几种心理方法：

哭泣法：内心郁闷时，想哭就哭。曾有个关于哭泣的心理学实验：在全部的被试者中，有87%血压正常的人称，自己都曾哭泣过；而剩下那些血压偏高甚至是高血压患者则称自己从不哭泣。哭泣是一种有效宣泄内心不良情绪的好方法。

心理暗示法：可以告诉孩子，在面临巨大心理压力时这样想象："天气很好，我和爸爸妈妈躺在公园的草坪上。""湖面很平静，岸边的柳树随风摇曳着它的身姿。"这些都可以在短时间内让孩子放松身心，得到休息，恢复精力。

分解法：告诉孩子，把在生活中遇到的各种压力与困难都罗列出来，并给它们编号。当你在纸上一个个写出来的时候，你就会发现，只要一个个解决，其实也没什么大不了的事。

当然，对于学习压力过大，已经明显表现出病态心理和行为的孩子，要积极求助于心理咨询和治疗机构，在专业人员的指导下对孩子予以科学的辅导，逐步帮助孩子及时得到矫治。

缓解青春期孩子的学习压力是个社会性问题，需要全社会的共同努力，但是做家长的负有最直接的责任。为了孩子的健康成长，每一个家长都要格外认真和努力。

嫉妒心理——引导孩子学会良性竞争

这天,在某小区门口,两个中年妇女在讨论自己的孩子:"现在的孩子,怎么小小年纪就有嫉妒心呢?对门张姐的女儿成绩好,我无意中夸了一句,女儿就愤愤不平地说:'老师包庇她。'开始我也没当回事。期末考试前,那女孩的几张复习试卷丢了,就来我们家,向我女儿借着复印,女儿一口咬定卷子借给表妹了。可是女儿根本就没有表妹,而且,那天晚上,我看见女儿的书桌上竟然有两份复习试卷。很明显,那女孩的试卷是被女儿偷了。我当时真是六神无主了,女儿怎么会这样呢?我意识到问题的严重性,焦虑万分,因为任何思想成熟的人都明白,嫉妒是思想的暴君、灵魂的顽疾。我想帮助女儿改掉嫉妒的陋习,可我真不知道怎么办?"

对于青春期孩子来说,他们已经有了升学的压力,开始明白竞争的重要性。同时,他们也会不自觉地常常与他人比较,但当发现自己在才能、体貌或家庭条件等方面不如别人时,就会产生一种羡慕、崇拜、奋力追赶的心情,这是上进心的表现。但同时,因为青春期孩子心理发展尚未成熟,他们对自己各方面能力还认识不足,遇上比自己能力强的人时就会感到不安,很容易产生嫉妒心理。嫉妒是对才能、成就、地位、

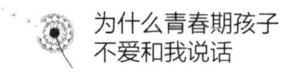

条件和机遇等方面比自己好的人，产生的一种怨恨和愤怒相交的复合情绪。

美国著名心理学家布鲁纳曾经指出，好胜的内驱力可以激发人的成就欲望，但如果不能正确地认识竞争，就会导致人们在相互竞争中产生嫉妒心理。嫉妒过于强烈，任其发展，则会形成一种扭曲的心理：心胸狭窄，喜欢看到别人不如自己，常常通过排挤他人来取得成功。

青春期是个需要朋友的年纪，而在同龄的孩子之间，往往免不了竞争。因此，很多孩子在面对比自己优秀、比自己成功的朋友时，就会产生不平衡心理。"和他做朋友，感觉自己像个小丑一样，我简直是他的附属品。"这种心理很多孩子都有过。

作为孩子的第一任老师，父母在培养孩子健康的竞争心态上起着极为重要的作用。在培养孩子竞争意识的过程中，也应让孩子明白，竞争不应是狭隘的、自私的，竞争时应具有广阔的胸怀。竞争也不应是阴险和狡诈的，暗中算计人，而应是齐头并进，以实力超越。竞争不排除协作，没有良好的协作精神和集体信念，单枪匹马的强者是孤独的，也是不易成功的。

听听教育心理学家的建议

1. 引导孩子正确看待别人的长处和不足

如果孩子能以这样的心态面对比自己优秀的朋友或者同学，不仅能学会用客观的眼光看自己和对方，也能弥补自己的不足。这样就不至于为一点小事钻牛角尖，还能交到帮助自己成长的真正朋友。

2. 教育孩子在竞争中要学会宽容

生活中有一些孩子，他们在竞争中失败了，就会表现得不高兴、闷闷不乐，甚至憎恨、嫉妒胜利者，不与胜利者来往，并在其背后说他们坏话等。孩子有这一表现，证明他们还未能以健康、积极的心态面对得失。对此，父母在培养孩子竞争意识的同时，也应提高孩子的竞争道德水平，教育孩子要学会以广阔的胸襟面对竞争中的得失，并让孩子明白竞争不应该是狭隘的、自私的，而是宽容的、大度的。

3. 教孩子在竞争中合作

竞争越是激烈，合作意识就越重要。因为个人的力量总是渺小的，家长要清醒认识到，创造发展这个世界不仅需要竞争，还要有合作。要培养孩子在竞争中合作。唯有竞争没有合作只会导致孩子被孤立，造成同学关系的紧张，给他们平添许多烦恼，对生活和事业都非常不利。

例如，你可以告诉孩子："这次比赛中，××队的确赢了，那你发现没，他们这个团队合作得非常好。实际上，你所在的团队每个队员各自都有非常好的优点，但有个缺点，那就是你们好像都只顾自己，这是团队赛中最忌讳的。"

总之，作为家长，培养孩子的竞争能力就要让孩子明白，只有与妒忌告别的人，才有可能获得最后的胜利，取得优秀成绩。妒忌心理是人与人相处、人与人竞争中存在的一种阴暗心理。对孩子来说，危害性很大。因此，我们在培养孩子竞争意识的同时，更要注意培养孩子的竞争美德。

第06章

态度很重要，掌握与青春期孩子沟通的几个关键点

沟通，是解决教育问题的良药。沟通是亲子关系升温的基础，离开了沟通，所有的教育都将无从谈起。每个孩子到了青春期之后，既不同于儿童，也不同于成人，他们最大的特点是生理上蓬勃成长，随之带来的是独立意识的增强，他们也渴望进入成人的世界，希望得到成人的尊重。父母只有先改变沟通态度，从孩子的角度出发，了解孩子身心发展的特点，才能找到与孩子沟通的关键，才能更好地帮助孩子，使他们更加健康快乐地成长。

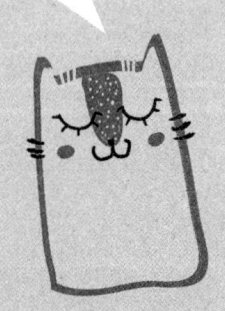

第 06 章
态度很重要，掌握与青春期孩子沟通的几个关键点

与叛逆期的孩子交流，别一味地教训

杨小姐是一名心理咨询师，她最近遇到了这样一个家庭：

妈妈是某公司的老总，她把公司管理得井井有条，但对自己的女儿，她却用"无能为力"来形容。因为不管她说什么，女儿总会与她对着干。在无奈的情况下，她找到了心理咨询师。杨小姐试着与这个孩子沟通，但出乎她的意料，这个孩子很合作。

"为什么总是与妈妈作对？"

她直言不讳地说："因为妈妈总是像教训、指挥员工一样来对待我，我感觉自己不是她女儿，我总是生活在妈妈的阴影里。"

这时，杨小姐终于明白了，一定是这位妈妈用错了教育方式。于是她把这对母女请到一起，当着孩子的面把女孩刚才说的话讲给了她听。妈妈听后非常诧异，过了一会儿，她十分激动而又真诚地对女儿说："女儿，你和我的员工当然是不同的，妈妈希望你更出色！"

听完这句话后，杨小姐立即给予纠正："您应该说'女儿，你真棒，在妈妈心里你是最优秀的，我相信你会更出色。'"

这位妈妈不明白为什么要纠正，杨小姐说："别看这是大同小异的两段话，其实有着很大的不同，前者是居高临下的指挥，后者是朋友式的赞美和鼓励。我觉得您在教育孩子上，不妨换一种方式，多一些引

导,和孩子做朋友,而不是教训孩子!"

这位母亲听完,若有所思地点点头。

其实,在很多家庭中,父母都会用这样的口气教育孩子,例如:

"你这个笨蛋,成绩怎么总是在中游徘徊呢!"

"不就是考了前五名吗,什么时候考个第一名让我看看!"

"这段时间你确实有进步,不过不要夸你两句就骄傲呀!"

这些话会不知不觉地流露出对孩子的轻视和责备,孩子长期生活在父母的教训中,会失去学习的动力和激情。而孩子也只能"唯恐躲之而不及"。尤其对于进入青春期孩子们,在父母长期的打击下,他们要么"反击",要么"忍受",这对孩子的成长都是不利的。

事实上,做家长的也有家长的苦衷。为了孩子能在未来社会的竞争中站稳脚跟,他们常常有意识无意识地教训孩子,这种教育学习并没有多大成效。当然,教育没有一个标准答案,每个孩子都很特别,都需要我们去特别对待。对于青春期孩子,我们要做的是引导,而不是教训。

因此,我们要在心里把自己和孩子放在平等的位置,把他看成家庭中很重要的一个成员来对待,遇到问题也要和他多商量,对孩子多加引导。要尊重孩子,尊重他的人格,尊重他的意见。不可动不动就开始训斥,那样只会使孩子离父母越来越远。

听听教育心理学家的建议

1. 给自己"洗脑",摒弃传统的家长观念

要想使自己与孩子的关系更加亲密,让孩子乐意与自己"合作",

家长首先要做的就是给自己"洗脑"。即打破传统的家长观念，不去挑孩子的毛病，且不断使自己的思维重心向这几个方面转移：孩子虽然小，但也已经是个大人了，他需要被尊重；我的孩子是最棒的，他具备很多优点；允许孩子犯错误，并帮助孩子去改正错误……

2. 放下长辈的架子，与孩子平等沟通

有些家长为了维护自己在孩子心目中的地位，刻意与孩子保持距离，这样使孩子时刻都感觉到家庭气氛很紧张。亲子之间存在过多距离，沟通就很难进行。在没有沟通的家庭里，这种紧张的气氛往往就会衍化成亲子之间的危机。

因此，家长不能太看重自己作为长辈的角色。因为长辈意味着权威和经验，意味着要让别人听自己的。但事实上，在急速变化的多元文化中，这种经验是靠不住的。不把自己当长辈，而是跟孩子一起探索、学习、互通有无，这种做法让我们在孩子的教育和沟通上变得更加自由和开明。

为什么青春期孩子
不爱和我说话

与青春期孩子沟通，要选择恰当的时机和环境

陈先生是一名单亲父亲，一次，他在自己的一篇日记中记录了和女儿沟通的过程：

今天我又和女儿谈了很多，自从和她妈妈离婚后，我深感和孩子沟通的困难，她似乎总是对我存在偏见。但经过这些天的沟通，她似乎理解我了，我也更深刻地明白了，和孩子沟通真的需要寻找最好的时机。以前，我和女儿聊天，女儿总是一副不耐烦的样子，我还感叹和她的沟通怎么这么难。现在才明白，原来是我选的时机不对。就像这一次，一开始，我是在客厅和她谈的，她正在看电视，就不太注意我的谈话，能搭几句就不错了。等到我们一起包饺子的时候，周围很安静，也没有别的事打扰，女儿就和我聊了很多。

而女儿的有些事也是我从来不知道的，包括以前老师对她的批评。还有她告诉我，她要是考不上很好的大学，就出去干点什么，这是她从来没告诉我的，她也有对自己将来做的打算。我就非常认真地告诉她，我会完全支持她做的决定。不过现代社会只有知识才是永恒的竞争力，书是一定要读的。她好像听懂了，连连点头。

和女儿聊了很多，我对女儿有了更深的了解，我也更有信心了。女儿是非常优秀的，在许多事上虽然想得不全面，却有自己的见解。我知

第06章
态度很重要，掌握与青春期孩子沟通的几个关键点

道，只要我坚持和女儿沟通，我和女儿之间的关系会越来越好，女儿的身心也会健康成长。

在现代家庭，沟通似乎越来越困难。很多青春期孩子的父母感叹："现在的孩子真是很不像话，小学时候还好，尤其是进入青春期后，孩子的主意一下多了起来，好好地同他讲道理，他却不以为然，道理比你还多，有时还把父母的话看成是没有意义的唠叨。总之一个字——烦！他嫌我们烦，我们因他的烦而烦，一天话也说不上几句了。"

问题在哪里？是孩子的问题，还是父母的问题，还是沟通方法的问题？也许孩子不是一点问题没有，但更多的问题可能出在父母身上。作为父母，有没有反思自己是否愿意与孩子倾心长谈一次呢？在孩子小的时候，我们一般会用故事、音乐、聊天来哄孩子入睡，等孩子长大了，我们是否还愿意抽出时间与孩子交流呢？如果在孩子入睡前，我们能一起坐下来清理一天的"垃圾"，不让忧愁过夜，这是不是一种积极的生活态度呢？有一位教育家说过："父母教育孩子最基本的形式，就是与孩子谈话。我深信世界上好的教育，是在和父母的谈话中不知不觉地获得的。"如何进行有效的沟通，是我们需要学习与探讨的。

听听教育心理学家的建议

1. 选择一个合适的场所

有些父母认为，和孩子说话当然是选择家里了。其实也不一定，如果

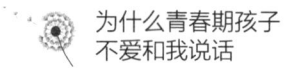

家中无外人则可，但若有外人在场，则应考虑孩子的自尊心和感受。

那么，什么场适合与孩子谈话呢？当然，这也视具体情况而定，如果你是要鼓励和赞扬孩子，可以选择人多的场合，让大家都看到孩子的成绩；如果你的孩子容易骄傲的话，则不宜采取这一方式。如果涉及隐私问题，指出孩子的失误、缺点或者批评孩子的话，则应该在私下里，选择没有别人在的场所。因为在无第三者的环境中更容易减少或打消孩子的惶恐心理和戒备心理，这样有利于谈话的进行。还可以避免当众伤害孩子的自尊心，有利于让孩子说出心里话，加强和孩子之间的沟通。

另外，如果你需要和孩子静心交流、和孩子谈心的话，则应该选择一个平和安静、风景美丽的地方。因为这样的地方可以让彼此心平气和，情绪稳定，心情舒畅，易于接受对方的意见。例如，利用星期天或假期，可以带孩子到公园或风景游览区，一边游玩，一边说悄悄话，这样的沟通和交流一定会起到很好的效果。

2. 选择一个恰当的时机

选择好的时机进行谈话是非常重要的，否则谈话就达不到预期的目的。一般情况下，解决问题越快越好。如果事情拖延下去，问题就会积淀。

另外，从时间上来说，如果你需要和孩子交流一个严肃的话题，不要选择孩子放学回家刚放下书包的那段时间，因为一天下来的疲劳使人难以集中注意力，也不好控制自己的情绪。生理规律告诉我们，下午5~7点是生理活动最低点，这个时间段身体迫切需要补充营养，恢复体力。而晚饭过后，心情逐渐开朗，这是与孩子分享家庭幸福，进行沟通比较好的时机。

从心理需求上来说，在孩子心理上最需要帮助和鼓励的时候是最恰当的时机，如果在此时和他沟通效果会好得多。

总之，父母和青春期孩子沟通，一定要选择恰当的谈话时机和环境，这有助于给沟通创造一个良好的谈话氛围，心平气和地解决教育问题。同时，父母还应记住，即使再忙，每天都要抽出一点时间来和孩子进行沟通！

别非打即骂，棍棒式教育并不会教出优秀的孩子

有位妈妈就遇到了这样的困惑：

圆圆是个很可爱的女孩，今年十一岁，性格活泼，爱吃零食，但对东西很不爱惜。新买的衣服，穿几天就不喜欢了，扔到一边不予理睬，对家人也漠不关心。为此，妈妈很是伤脑筋。正在她准备让女儿尝尝"家法"的时候，丈夫出来阻挠，他告诉妻子，打是没有用的，不妨对女儿进行一次"忆苦思甜"教育。妈妈觉得有理，就花400元买了两张票，陪女儿去看芭蕾舞剧《白毛女》。

看完回家后，她问女儿有什么感想，女儿想都没想就说："喜儿去当白毛女，我看是让她爸逼的。借债还钱本来就是天经地义的事，杨白劳借了黄世仁的钱，为什么不早点儿还给人家，逼得女儿躲进山里？喜儿也够傻的了，黄世仁那么有钱，嫁给他算了，为什么要到深山老林去当白毛女？"

女儿的回答让妈妈目瞪口呆。

"我女儿好像是从另一个星球来的，怎么什么也不懂，真拿她没办法！"

这位妈妈困惑了。自己小时候看《白毛女》电影时，为喜儿流了那么多眼泪，恨死了黄世仁，可今天同样的故事，孩子怎么看不懂了呢？

第 06 章
态度很重要，掌握与青春期孩子沟通的几个关键点

那么到底该怎么办呢？孩子是打也打不成，骂也骂不得。此时，丈夫对她说："孩子不懂历史，又没有体验，她不知道今天的好日子是怎么来的，当然会产生这么幼稚的想法。"

于是，这天晚上，妈妈和丈夫都放下手头的事，协同爷爷奶奶一起，谈起了那个艰苦年代的生活。刚开始，圆圆有点不耐烦，但听到后面，圆圆越听越有兴致。听完后她说："我终于知道妈妈为什么带我去看舞剧了，也明白奶奶为什么那么节约了，我以后也不乱花钱了。"

听到女儿这么说，夫妻俩相视一笑。

这对夫妻的教育方法是正确的，当孩子有大手大脚、浪费的生活习惯时，他们并没有选择与孩子斗气，对孩子进行打骂教育，而是寻找更为积极的方法。在前一种方法行不通的情况下，他们便让孩子了解历史，了解父母所经历的风雨，继而让孩子了解到父母的良苦用心。

我们不能否认，每一个孩子都是伴随着问题成长的。面对孩子一些错误的行为，很多家长一直沿袭传统的教育方式——打压式，非打即骂，认为"棍棒下出人才"，企图将孩子的错误行为和观念遏制住，进而让孩子听话。然而，这种方式多半是无效且是适得其反的，对于青春期孩子来说更是如此了。如果我们总是板着面孔训斥，或者声泪俱下地唠叨，久而久之孩子也不吃你这一套了，教育如果只是让他感到恐惧和心烦，那么他除了逃避，还能怎样呢？许多孩子身上的毛病，如撒谎、顶嘴、冷漠、暴力等，说不定就是对我们粗暴简单的教育方式的逃避和反抗。

有时候我们情绪激动，忍不住气势汹汹，滔滔不绝。结果孩子也愤怒，越说越僵，双方都气急败坏，最后不仅教育的目的没有达到，反而还破坏了做事的心情，很多的时间都耽误了。更可怕的是，下次再有类似的事情，孩子根本不愿意与你沟通了，家长和孩子之间的隔阂往往就是这样形成的。

那么具体来说，我们该如何改变棍棒式的教育方式呢？

听听教育心理学家的建议

1. 凡事只说一次

有一些孩子说："每次我想跟爸妈谈谈心，可他们总是太啰唆，只要我做错点什么，他们就不断地数落我。其实我已经知道错了，但他们的口气真让我受不了。"很多父母没有意识到的是，你的孩子已经是个大孩子了，他们已经有了独立的自我意识，也学会了如何审视自己的行为，凡事只说一次就好，这也是尊重孩子的表现。只有让孩子体会到家长对自己的尊重，他们才能更加信任家长，达到和家长以心换心、以长为友的程度。

2. 避免正面冲突

对于自我意识逐渐增强的青春期孩子来说，他们有很强的自尊心。教育他们一定要讲方法，如果他们一旦犯错，家长就采取谩骂、呵斥的方式。不但不能让孩子接受并改正错误，还会给家庭生活带来很多困扰。

有时可能孩子做得不对，但作为家长，不要急于批评他，应该在倾听之后，对他表达你的理解。在孩子接纳你、信任你之后，再以柔和坚定的态度和孩子商讨解决之道，从而激励他反省自己，帮助他从错误中学习成长。

3. 把焦点放在"解决"上

大人很多时候会认为孩子的想法是不对的，甚至是不符合常规的。抱着这样的心态，我们很容易以先入为主的心态教育孩子。实际上，我们必须要明白一点，出现问题最重要的是解决，而不是批评。我们应该做的是等孩子把话说完，再提出解决的办法，这才会让孩子感受到尊重。

总之，教育青春期孩子一定要考虑到他们的叛逆心理，不可与之对着干，重在引导，只有让孩子感受到了尊重，才能让他们真正听进去父母的话。

曲径通幽，从孩子周围的好朋友开始了解其心理变化

菁菁与丹丹是很好的朋友，从小一起长大，又进了同一所初中。但菁菁与丹丹的性格不大一样，菁菁性格内向，不怎么喜欢交际，但什么都跟丹丹说。上了初中以后，菁菁与丹丹走得更近了。

最近一段时间，妈妈发现菁菁变得很奇怪，除了吃饭时间，她几乎不出自己的房间门。不仅如此，她对妈妈的态度也十分冷淡。有时候，妈妈跟她说半天话，她才勉强答一句。

周末，丹丹来找菁菁玩，趁着女儿下楼买水果的空子，妈妈悄悄问丹丹："丹丹，菁菁这几天这是怎么了，对我好像有很大意见呀。你们是好朋友，她一定告诉你了。"

"阿姨，菁菁是告诉我了，可是我不知道该不该告诉你？"丹丹有点难为情地说。

"只有你告诉我了，我才知道问题出在哪里，才能使菁菁摆脱烦恼呀，你愿意帮助你的好朋友吗？"

"是这样的，阿姨，我们已经都长大了，也有自己的隐私了，也懂得自理了，尤其是内衣和袜子，她希望自己可以洗。她曾暗示过您好多次，但您好像都没有明白她的意思。"

菁菁妈妈这才恍然大悟，怪不得上次还发现女儿把内衣放在被子

里，原来是要自己洗。这下她知道如何调节与女儿之间的矛盾了。

这种情况很多家长都遇到过，聪明的家长当发现自己和孩子无法沟通时，会懂得从孩子身边的朋友"下手"，找到和孩子之间的症结所在。案例中的箐箐妈妈就是个聪明的家长，当她发现女儿有心事而拒绝与自己沟通时，她选择了向女儿的好朋友丹丹求助，这不失为一个沟通的良方。

孩子进入青春期以后，似乎一夜之间变了，变得好像与父母相隔千里，过去无话不讲的孩子突然不说话了。放学后回到家，就一头扎在自己的屋子里，宁愿把那些心事告诉陌生的网友，也不愿意与父母交流。对此，很多父母不解，但更多的是不知所措。

孩子出现这些情况是有原因的，包括生理上的和心理上的。进入青春期后，他们有了成长的烦恼，来自学习的压力、家长的期望，这些都会给这个并不成熟的孩子带来压力。于是，他们需要发泄，需要向他人倾诉，但是他们不好意思向家长诉说这些事情。而且，就算他们愿意向家长诉说，大部分家长也不能以正确的态度对待孩子的这些问题。听到孩子这些"心事"，他们要么训斥孩子"不务正业"，要么会嘲笑孩子，总之会使孩子很尴尬。所以，这些孩子宁愿把"心事"讲给陌生人听，也不愿意告诉家长。

国外心理学家通过一项对2万多名青春期孩子的研究发现：孩子在12岁以前很愿意与父母交谈他们的想法，但之后却有明显的变化。尽管父母对孩子的态度一如既往，但孩子有了问题和想法，他们更多地会与朋

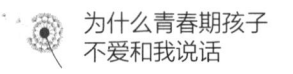

友交谈。同样，青春期孩子也是如此，因此与青春期孩子的好朋友保持沟通，是家长可以掌握青春期孩子心理变化的巧妙方法。

人以群分，同龄的孩子之间往往有更多的语言。青春期孩子更渴望友谊，他们通常有自己的挚友。他们面临的是同样的学习环境、成长中共同的烦恼，因而他们都愿意与朋友或者同学倾诉自己的心事。因为他们会得到理解。青春期孩子们一般都很注重友谊，不愿意把朋友托付给自己的秘密透露给他人。可见，父母要想和孩子的朋友沟通、了解孩子的内心，是需要下一番"功夫"的。

听听教育心理学家的建议

1. 晓之以理，动之以情，让孩子的朋友了解你善意的动机

和案例中的箐箐妈妈一样，当丹丹不肯"出卖"朋友告诉自己箐箐的秘密时，她以"只有你告诉我了，我才知道问题出在哪里，才能使箐箐摆脱烦恼呀，你愿意帮助你的好朋友吗"这样的理由打动了丹丹，因为她也希望可以帮助丹丹。孩子都是单纯的，当他们了解你善意的动机后，一般都会愿意与你"合作"，为自己的朋友解决问题。

2. 尊重孩子的隐私，有些秘密不可窥探

我们提倡家长与孩子的好朋友保持沟通，并不是要家长去窥视孩子的秘密。青春期孩子拥有秘密是很正常的事情，家长即使知道了这一秘密，也不可指出来。这样，孩子会体会到你对他的尊重。有时候，他们可能会愿意主动谈及自己的某些秘密，而不需要你通过他们的朋友了解。

3. "秘密"沟通，绕开孩子，了解他的心理变化

和孩子的朋友保持沟通，并不是监视孩子，而是了解他的心理变化，以便可以及时引导孩子。对此，父母最好不要让孩子知道，因为孩子并不能理解父母的良苦用心，甚至会激怒他，他们之间的友谊就会产生危机。此时，你的好心可能就办了坏事。

其实，他们的秘密之所以不愿意让家长知道，是因为家长总是用高高在上的姿态去教育他们。但如果我们换一种姿态，不是高高在上的指导者，而是地位平等的朋友，也许孩子就会把自己的小秘密告诉家长。所以，家长与孩子好朋友保持沟通的目的，是增加了解孩子心理变化的渠道，为做孩子的知心朋友打下基础。

第07章

青春叛逆期的性情易变化，引导孩子积极阳光起来

处在青春期的孩子正处于人生的岔路口，他们有着敏感的神经，这种敏感针对他们周围的每一个角落，他们可能动不动就发脾气、焦躁不安、伤心等。此时，父母决不能用言语暴力去激化矛盾，而应该在他们的这一极端时期扮演"消防员"。放下架子，主动和孩子聊天，了解他们的心理状况，如果发现问题，最好以建议的方式引导他们，通过关爱给予孩子稳定感，帮助孩子疏理青春期的种种情绪！

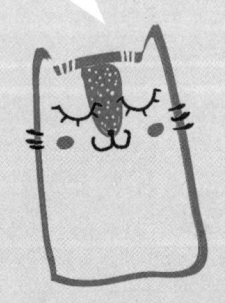

"我确实不如别人"——青春期孩子总是情绪低落、自卑

马太太的女儿小蕾今年刚上初一,上了初中以后,小蕾变了好多。她不喜欢说话了,周末的时候,也不愿意与以前的朋友一起玩了。一有时间,她就把自己锁在房间里。

"小蕾很奇怪,她这是怎么了?"马太太问自己的丈夫。

"我也不知道,最近她好像突然一下自卑起来了,有一天,她还对我说:'我和以前不一样了,小学的时候,我是尖子生,可是上了初中,班上优秀的人太多了,我成绩不如以前了,人缘也不好,我都不好意思和彤彤做朋友了,我简直一无是处了!'"小蕾爸爸说完这些,长叹了一口气。

接着他说:"开学第一周的情景我还历历在目。作业比小学时的多了很多,而且做完自己还要对答案,判正误,并做改正。每一项家长都要签字。如此下来,晚上十点都完成不了。小蕾很不习惯。看着她睡眼惺忪的样子,真是不忍心。小蕾甚至说:'爸爸,我是不是变笨了?要是永远上小学多好,中学太难了,作业太多了,老师要把我们累死了,我不喜欢上学!'"

"是啊,孩子上初中了,学习环境变了,学习难度加大了,这种心态的出现是正常的,但作为家长,一定要帮助孩子及时调整好,不能耽

误了孩子后面的学习呀!"

"你说得对呀……"

小蕾的这种自卑心理,在很多升学的青春期孩子身上都出现过。到了青春期,很多孩子都进入了中学,此时,他们的生活环境、学习环境明显改变了。另外,小学时候被老师重视的境况也改变了,自己不再是老师关照的尖子生,周围优秀的同学太多,小学时候的玩伴也有了自己新的生活圈子。于是,这些孩子会变得心情低落并自卑起来,学习失去了兴趣,不愿意与人交往等。成绩也随之下降,家长也经常抱怨:"我的孩子以前成绩挺好的,表现也很优秀,为啥现在全变样了?"其实很简单,你的孩子需要鼓励,需要重新燃起对学习的热情,找到自己身上的优点。因此对于孩子的这种低落的情绪,父母一定不要听之任之,也不能采取棍棒教育,而是要做到"言传",帮助孩子顺利度过这个心理过渡期。

那么,家长应该怎样让孩子看到自己身上的优点,从而精神饱满地投入学习和生活呢?

听听教育心理学家的建议

1. 让孩子认识到学习难度的加大,帮孩子找回自信

如果孩子在小学时是个尖子生,各方面都出类拔萃。而跨入中学后,竞争激烈,许多同学成绩不分上下、难分高低,孩子学习成绩有所下降,这时他便会产生一种失去信心的情绪。此时,你可以把他小学的

试卷拿出来,让他知道中学的知识和小学的相比有很大差异,并不是他的能力差了。这样,孩子就能正确认识到学习成绩下降的原因了。

2. 鼓励孩子,相信他能行

孩子升学后,肯定会感到学习压力变大,作为家长,不要一味地给孩子施加压力,不妨多鼓励孩子,告诉他:"爸妈相信你,你一定能做到!"

3. 肯定孩子的能力

孩子学习的课程一下增加了很多,晚上往往会做作业到很晚,有点沉不住气,开始泄气。你不能严加指责他,而应该说:"没什么难的,老师留作业多,是把你们当中学生要求了。其实这很正常,只是新环境要适应,过几天就好了。妈妈同事家的孩子,比你完成作业的时间还晚呢!你可比他快多了!"孩子听到家长的肯定,便会精神倍增。家长的肯定是孩子最大的学习动力。在家庭教育中,父母最好不要在孩子面前发表负面意见,要多以正面引导。

4. 多寻找孩子的其他优点,转移孩子的注意力

尽管说学习是学生的天职,但分数并不是最重要的。当孩子成绩不理想时,不要横加指责,更不能要求孩子必须考多少分以上、考第几名等。也不要在考试前说若考多少分、多少名次以上怎么奖励,否则怎么惩罚。分数是重要的,但不是唯一和最终目的。

相反,如果孩子没有自信,更不要过于注重孩子的分数。你要试着在他身上找到他其他的优点。如孩子的动手能力强、孝顺父母、团结同学、热爱劳动等,并举出事例。这样,孩子即使成绩不好,也会有值得自豪的优点,也就不会丧失信心了。

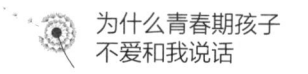

5. 教会孩子总结学习过程中的经验教训

失败必定会让这些青春期孩子感到受挫，尤其是学习上。父母可以告诉孩子一些学习的经验，如可以让孩子把自己容易混淆的概念和容易出错的知识汇总分类进行对比，以强化理解和记忆，同时加强一些基本功的训练。这样，孩子便会一点点地进步，也就能逐渐找回自信了。否则，在一次次的失败中，孩子对自己就更没有信心了。

总之，我们需要明白的是，孩子虽然到了青春期，但毕竟还小，遇到一些小小的挫折，就有强烈的挫败感，可能会一蹶不振、自暴自弃、贬低自我等。父母要帮助孩子找出那些无法代替的优点和潜能，孩子才会逐步自信起来！

第07章
青春叛逆期的性情易变化，引导孩子积极阳光起来

"我总是控制不住脾气"——青春期孩子自控力差、攻击性强

这天，张先生被学校老师叫到了学校。原来，他的儿子张强跟体育老师起了点冲突。

这天下午，天气很晴朗，在上课铃响之后，陆陆续续地只有十几个学生来到操场上集合。面对这种情况，体育老师就叫体育委员去班上把其他学生叫来。慢慢地，其他人都来了。但此时，张强还在远处的沙池边上跳远。体育老师用力吹了几下哨子，张强才小跑过来。

在张强快要站回队伍时，体育老师喝道："站住！"并用眼神严厉地盯着张强。

"你没听到老师吹哨子吗？为什么还慢慢地、大摇大摆地过来？"老师问，张强没回答。

看到张强没反应，体育老师一下子火就上来了，让张强站在一边，这下子张强也被激怒了，没有理会老师，转身就走了。

青春期孩子更容易冲动和叛逆，他们一旦遇到什么事，很容易情绪激动，做出一些出格的事情。父母要了解青春期孩子多变的情绪特征，并帮助他们梳理情绪。因为冲动是魔鬼，如果任凭孩子发泄自己的负面

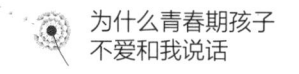

情绪，他必定会遭遇很多困难。我们要帮助孩子做到自制，帮助他学会理智思考并安抚自己的冲动情绪。

人生漫漫，任何人都不要让自己输在心态上。心态决定人生，也决定了人的生活方式。懂得自制，能控制自己的情绪，就会控制由冲动带来的一系列恶性情绪。心情好，就什么都能做好。生活中有太多的人把人生看得太累，认为人活着就累。其实这是他们没有调整好心态的原因。

对于青春期孩子来说，他们应该学会控制自己的冲动情绪。因为养成一种健康心态的好习惯极为重要。父母可以教导孩子掌握以下几种控制冲动情绪的方法。

听听教育心理学家的建议

1. 转移

转移的含义就是冲动的时候，应把注意力转移到那些能让你高兴的事情上去。

2. 分解

任何烦恼都可以分解，然后将这些分散后的问题一个个解决。那些看起来无法解决的烦恼也就自然迎刃而解了。

3. 弱化

其实，在人们看来的那些令人无法释怀的烦恼并不是什么原则性的问题，你把问题看得太重，它又怎么轻得了？

4. 体谅

你在为别人的错误而生气吗？生气就是对自己的一种惩罚，原谅了别人也就饶过了自己。另外，记得将对方看作一个客观存在的事物。

5. 解脱

这就需要你跳出当前令你烦恼的问题，站在其他的角度看，你会发现新的视野，也就能对问题做出新的理解。塞翁失马，焉知非福，就是经典的解脱思维。

总之，父母要理解青春期孩子。他们平时做事情往往容易冲动，但要让孩子记住，态度决定一切。也就是说，冲动的情绪往往会把一切事情都办糟糕。即使遇到了好事和良机，也会因为不良的情绪，使自己产生无形的压力，使自己的能力无法充分发挥，而错过这些机遇。

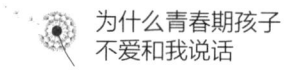

"未来的路该怎么走"——青春期孩子对未来很迷茫

刘女士的女儿叫诗诗，今年上初三，诗诗最近总是失眠，晚上熬到三点多才能勉强睡去，可是一会儿又会自己醒来。上课的时候，也开始注意力不集中，听不进去老师讲的内容，大脑一片空白。一回到家，她又会心情非常烦躁，紧张不安，感觉无聊，脑子始终昏沉沉的。无奈之下，刘女士带着女儿来看心理医生。

经过心理医生了解，原来诗诗这种焦躁不安的心理来源于她对未来的茫然。刘女士自己出生于一个书香世家，对女儿一直管教比较严格，而对于诗诗来说，父母的苛求逐渐转化成她要求自己的标准，她所接受的暗示是"只有自己表现得尽善尽美了，有一个光明的前程，父母才会满意，我才会拥有他们的爱"。所以一直以来诗诗都不敢放松，努力追求完美的目标。但在最近的几次阶段性考试中，诗诗考得并不好，这让诗诗很担心，自己的成绩会不会一直这样下降下去？就这样，紧张与不安让诗诗变得压抑、敏感，并开始失眠。

诗诗的情况并不是个案，很多青春期孩子都遇到过，而作为父母的我们也会为此担心。

青春期对于任何一个孩子来说，既是快乐的，又是艰难的，快乐在

第07章
青春叛逆期的性情易变化，引导孩子积极阳光起来

于他们终于长大了，而同时他们又不得不面临很多问题。这个阶段的孩子常因为对未来的茫然而焦躁不安，常感到不知所措。有关自己和社会的各种信息纷至沓来，只有经过不断地思考，才可以确定自己的生活目标。青春期孩子此时认识到，他们不仅是老师的学生、父母的孩子，而且必须给自己定位，即搞清楚"我是谁""我以后要成为谁，我要做什么"。

青春期孩子渴望和外界接触，渴望交朋友。但他们同时也明白，青春期是每个人走向成年人的关键一步。因此，他们要努力学习，不让父母失望。但实际上，他们会思索，学习是为了什么？学习好就一定能生活幸福吗？当众多问题纷至沓来的时候，他们开始变得不安了、焦躁了。

处在青春期孩子们，思想较为叛逆，什么事情都不爱跟家长沟通，总是认为自己长大了，自己的事情可以自己处理，什么事都憋在心里，长久下去就出现情绪低落的情况。于是，很多父母疑惑：我该怎么帮助我的孩子？

听听教育心理学家的建议

1. 先肯定孩子的想法，然后加以引导

孩子在谈自己未来的打算或理想时，为人父母者，不要因为孩子说法的"幼稚"或不符合自己的喜好而轻易否认他们。不论是什么理想，父母都应该给予充分的肯定，并要恰当地告诉他要实现这一理想必须具备的知识。例如，有的孩子说长大了要当护士，父亲就怒目而视："你怎么净想干伺候人的活儿？"其实，孩子的想法是单纯的，并且随着时

间的推移和成熟度的提高会不断改变。这时候，正确的方法是告诉他，护士和医生一样，都是救死扶伤的工作，做好护士工作相当不容易。孩子是在鼓励声中长大的，如果他的理想总是无端地遭到家长的反对，久而久之，孩子也不敢再奢望未来了。

2. 让孩子体验成功，激发孩子学习的动力

当孩子取得了哪怕再小的进步的时候，家长也要予以鼓励。在得到好的评价后，他们会继续朝着目标努力。而父母若是打击他们的积极性，恐怕孩子在以后的困难面前会退缩。

3. 指导孩子了解社会，让孩子的目标与理想具备可行性

青春期孩子可能在规划人生的时候，总会有不切实际的想法，这是因为他们不了解社会。家长一定要帮助孩子了解时代的特点，让他们明白未来社会只有具备一定知识的人才，才能实现自己的价值。同时，才能为社会贡献力量，才会使他们感到学习是一种需要。需要产生动机，动机促使行动，只有这样才能使他们以顽强的毅力、高度的自觉性和责任感努力学习。

青春期是一个可以为未来做打算的时期，是一个十几岁的孩子将要离开家，开始为独自生活做好准备的时期。父母应该谨慎地对待这一点，让孩子自己做决定，摒弃自己的权威，并帮助孩子对未来做出一些规划，让他们能够坦然面对现实！

"我就是不想被老师管"——青春期孩子对老师的管教也有逆反心理

张先生五年前就离婚了,那时候他的女儿小雅才8岁。而转眼女儿已经上初二了。而张先生最担心的是小雅的学习,因为小雅严重偏科。通常来说,小雅在语文和英语这两门课上都能考到高分,甚至经常拿第一名,但数学却一窍不通。即使张先生经常告诉小雅:"学好数理化,走遍天下都不怕。"但小雅对数学还是提不起兴趣。后来,张先生通过了解才知道,小雅讨厌班上的数学老师,原因是半年前数学老师对女儿的一次管教。

那天,张先生急急忙忙下班回家,就开始做饭。稍后,女儿回来了。一进门后,女儿就把书包重重地摔在桌子上,张先生不解:"怎么了,这么大脾气?"

"没事,做你的饭吧,我不吃了。"说完,女儿又拿着书包回了房间。

晚上,无论张先生怎么哄,女儿都不肯吃饭。

张先生这才想起来,自打那次之后,女儿好像就不怎么做数学题、看数学书了。

可能很多青春期孩子都被老师管教过，大部分的原因都不外乎上课不听课、考试成绩差等。但这个年龄段的孩子，一般都不服从老师的管教，这也就是为什么小雅会因此大发脾气。

那么，青春期孩子为什么不服从老师的管教呢？

1. 青春期孩子的逆反心理

在青春期到来之后，他们生理的变化也会带来激烈的心理变化。当他们把目光从外部世界转向内部世界以后，发现自己已不是原先的"我"了。儿童时代的"我"变成了一个全新的"我"。他们发现不但身体不是"我的"，就连个性也不是"我的"，而是父母、老师和其他人造就的。于是他们生气了。随之便与原来的"我"决裂，要求摆脱家长和老师的束缚，要求独立、自主。要从原先的一切依赖中挣脱出来，寻求真正的自我，此时他们的独立意识空前强烈。如果老师管教他们，他们就会觉得又做回原先的"我"了，于是，他们急于发泄自己。

2. 老师"不恰当"的管教

这里的"不恰当"可能指的是老师对学生的误解。如误认为他们偷了东西等。另外，很多中学老师还沿用小学时候的"保姆式"的管教方式。很明显，青春期孩子渴望独立，很容易对老师的这种教育方法产生反感情绪。

3. 繁重的学业负担

青春期孩子一般都已经进入中学，他们的学习强度要远远高于小学。课程增加、科目众多、难度增大、课时加长、作业增多，如果跟不上这种强度的变化，也会让孩子对老师产生逆反心理，进而不服从老师的管教。

学习是孩子生活中占比最大的部分。但如果孩子不服从老师的管教，甚至出现一些负面情绪，很可能会导致其对学习产生厌烦情绪，甚至厌学等。因此家长一定要做好孩子的心理疏导工作。

听听教育心理学家的建议

1. 稳定情绪，即使孩子已经燃起怒火

要做到这一点，家长需要不断提醒自己：孩子的行为并非针对个人。牢记青春期孩子是一个易激动的群体。即使你的孩子把坏情绪带到家中，你也要给其发泄的机会，而不应该硬性压制，要避免争吵。对于情绪中的孩子，争吵只会激化矛盾。

2. 为青春期孩子创造安全的家庭气氛

可能你的孩子会觉得，被老师惩罚是一件很丢人、很伤心的事。此时，你要让孩子知道，家庭是一个保护他的地方，是一个温暖的港湾。所以创造一个安全的家庭气氛对青春期的孩子至关重要。

你可以鼓励孩子："看得出来，今天你受了委屈，能跟妈妈/爸爸说说吗？"这句话会让孩子感受到你的关心和理解。

3. 和老师沟通，弄清事情原委

如果孩子只是做作业不认真或者上课开小差等，这些并无大碍。而如果他严重违纪或者做出一些出格的事，就需要引起重视了，要密切观察孩子的举动，以防孩子走上歧途。

总之，对于那些青春期的孩子，生活中的一点一滴都可能触动他们敏感的神经。作为家长，一定要对孩子多加关心，及时帮助孩子疏理那些不良情绪！

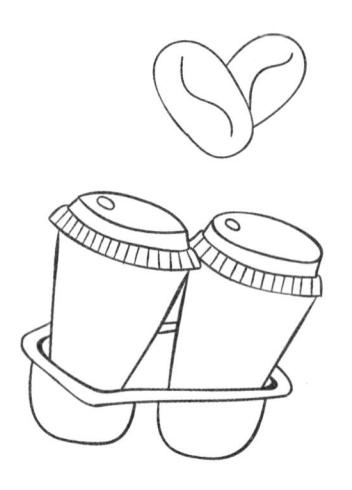

第08章

多交流,给青春期孩子插上快乐学习的翅膀

对于很多父母来说，孩子到了青春期，他们就会对孩子有更多的期望。因为这个阶段是孩子长知识的重要时期。但同时，此阶段孩子的学习任务也急剧加重，这段时间的孩子最需要父母给予学习上的辅导。因此，我们不仅要做好父母，还要做好孩子的家庭教师。针对孩子的学习困扰，我们一定要引起重视，要注意方式。我们要多注意引导，多培养孩子的兴趣并激发孩子的求知欲，同时也要传授正确的学习方法，从而让其提高学习效率，提升学习成绩！

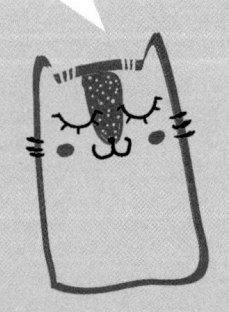

不想学习怎么办——激发孩子的学习兴趣

陈先生的女儿冰冰的成绩一直很好，一直第二名。因为第一名总是一个叫"韩博士"的学生，最近这几个月，冰冰稳拿了几次第一。

为了奖励冰冰，陈先生决定开一次"学习心得交流会"。没想到冰冰却说："那个'韩博士'退学了。"

"为什么？"

"'韩博士'从小父母就出国了，把她丢给了爷爷奶奶，爷爷奶奶对她关怀备至，让她衣食无忧，还生怕她在小伙伴中吃亏，所以她与同龄人的接触机会被剥夺了。同学们都说她太自私，不愿与她来往。她也将自己封闭在小圈子里，一心向学。上初三后，她的内心变得不安起来，看到班上的同学三五成群在一起聊天、说笑以及讨论问题，她感觉更加孤独。她逐渐觉得自己读书不快乐，于是试着走近同学们，但同学们不太理她，她感觉自己怎么也融入不进去。渐渐地，她开始为上学发愁，看书更是烦恼，上课不认真听讲，沉默寡言心事重重，学习成绩由全年级第一变成倒数。前不久，她爸妈回来了，给她办了退学，估计是去另外的学校了。"说完以后，冰冰长叹了一口气。

"韩博士"之所以学习成绩下降，是由于失去了学习的动力，找不到学习的乐趣和动机。青春期是孩子长身体、长知识、长智慧的时期，也是其道德品质与世界观逐步形成的时期。他们面临着生理与心理上的急剧变化，加之每天周而复始的学习生活，很容易产生心理上的"变异"。这种"变异"一般表现在三个方面：

第一，不认真上课，注意力不集中，思维涣散。上课时或者打瞌睡，或者做小动作，严重的还会干扰其他同学听课。

第二，课下不愿意自主学习或者根本就不学习，对于老师布置的作业或者练习，也是草草了事或者根本就不予理睬。对考试、测验无所谓，只勾几道选择题应付了事。既不管耕耘，也不管收获。

第三，逃学，这是厌学的最突出表现，也是最严重的表现。这些学生总是找理由旷课。然后外出闲逛、玩游戏等。严重者甚至跌入少年犯罪的泥坑。

常言道，兴趣是最好的老师。没有学习兴趣也是很多孩子学不好的原因之一。当孩子在某学科上学得不好，成绩很差的时候，问他是什么原因，他会理直气壮地说："我没兴趣！"有些孩子甚至说："我对学习没有兴趣，我学不好，我不学了！"

可见，没有了兴趣也就没有了学习。兴趣对学习起决定性作用。而孩子进入青春期后，课程内容增加、学习负担加重，如果孩子此时又不能主动、积极地学习，学习效率就会低下。对此，父母一定要注意激发孩子的学习兴趣。

第08章
多交流，给青春期孩子插上快乐学习的翅膀

听听教育心理学家的建议

1. 让孩子自主选择，帮助孩子培养自己的兴趣爱好

父母都望子成龙，有些做父母的把自己的希望寄托在孩子身上。他们在孩子进入青春期后，为了不让孩子掉队或者想让孩子成为学习上的佼佼者，千方百计地想让孩子学得好、懂得多。于是，他们把孩子的周末安排得满满的。同时，他们还按照自己的主观意志去"规定"孩子的兴趣，而不是尊重孩子自身的学习兴趣培养他们，这样往往会延误孩子的发展。孩子不按照自己的学习兴趣去学习的话，学起来会很辛苦，学习效率自然无法提高。如果我们能让孩子按照自己的学习兴趣去学习，把"望子成龙"改为"望子成器"，让孩子拥有自由发展的空间，效果可能会更好。

2. 把孩子的兴趣和学习联系起来，让孩子产生明确的学习目的

例如，家长可以这样问："你为什么对电脑游戏这么感兴趣呢？"

"因为我想当个游戏开发人员啊。"

"真没想到你有这样大的抱负，但游戏开发不是一个很简单的行业，一般人是进不了这个行业的。"

"那爸爸您觉得怎样才能进入这个行业呢？"

"只有进入高等学府去深造，掌握大量的科学知识，在前人技术的基础上有所创造才可以。"

当孩子听完这些后，就会有一种想法：我必须考上大学，然后在这个领域深造，才能进入这一行业。这样孩子就会真正明白，他应该去好

好学习了。

在这一过程中，整个交谈氛围是很和谐的，也使亲子之间的感情在一点点升温，孩子对父母既感激又崇拜。

3. 找到孩子提不起学习兴趣的原因，对症下药

父母首先要和孩子进行沟通，用温和的态度和孩子探讨为什么不喜欢学习。父母了解他的问题所在，就要为他解决。对于因学习困难而对学习不感兴趣的孩子，家长要耐心地帮助孩子找到困难的原因，帮助他掌握科学的学习方法。

第08章
多交流,给青春期孩子插上快乐学习的翅膀

需要督促才学习——引导青春期孩子自觉、自发地学习

有一天,吴奇和同学在家里玩游戏。那天刚好是周六,两人玩了一整天。当吴奇的爸爸妈妈回来时,他们还在"战斗"中,王先生有点生气,但他还是语重心长地教育他们。

"奇奇,你为什么每次都要我们督促才学习呢?你觉得学习是为了谁呢?"

"为了你们啊,我考好了,你们在单位同事面前就很有面子了。"吴奇得意地回答着。

"孩子,你这么想就不对了,学习都是为了自己。爸妈在同事面前夸你,是因为我们高兴,最终受益的是你自己,知道吗?"王先生说。

"王叔叔说得对,吴奇你这种想法可不对。谁都希望子女比自己强,父母辛辛苦苦地供孩子读书,也是希望孩子以后能有好的生活。我们应该给自己确立一个目标,努力朝目标奋斗。"吴奇的同学纠正道。

经过这一番谈话后,吴奇和同学在家打游戏的次数明显少多了。原来他是躲进书房学习去了,在接连几次的月考中,吴奇的成绩提升得很快。

青春期孩子正处于身心发展时期,也是学习发展的绝佳时期。而孩

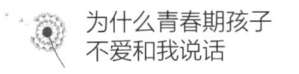

子总是处于被动、消极、等待父母催促的学习状态，是很不利于提高学习成绩的。

在竞争激烈的当今社会，一个人的竞争力如何，很多时候体现在他是否有自主学习的能力上。因为这涉及到一个人最终能否获得丰富的知识，是否能变得博学。同样，青少年学生更应该学会自觉、自主地学习。如果你的孩子能做到自主学习，他的学习效果就会显著变好，这远非注入式教学所能相比的。

古人说得好："善学者教师安逸而功倍，不善学者教师辛苦而功半。"学生一旦有了自觉学习的理念，他就能主动学习，独立思考。将来长大参加了工作，他还能找到自身不足，不断地提高自己的专业知识水平，懂得探究，最终实现发明创造。

当然，自主学习的能力不是一朝一夕形成的，它是在学习实践中反复训练、反复运用、不断提高的。让孩子学会自觉、自发地学习，需要父母的不断引导。

听听教育心理学家的建议

1. 帮助孩子端正学习动机

要告诉孩子你为什么而学习？是父母强迫，还是因为自己有着伟大的梦想？如果在孩子看来学习是一件无奈的事，那他又怎么可能投入全部的热情学习呢？

2. 帮助孩子制订详细的学习计划

盲目的学习是没有好的效果的，效率差的学习会让孩子的自信心逐渐消失殆尽。因此，你最好帮助孩子制订一份详细的学习计划。计划要切合实际，要略高于他现在的学习能力。这样能通过学习计划帮助孩子规范自己，约束自己，提醒自己，鞭策自己。依计划而行，则有条不紊，顺理成章；无计划行事，则漫无目的，失去所向。

3. 督促孩子坚持学习计划

一直以来，学习都不是一件很轻松愉快的事情，也不是一朝一夕、一蹴而就的事情，它必须付出艰苦的劳动。身体力行地向孩子证明无须把学习看作一种负担或一种包袱和苦差事。学习是一种追求、兴趣、责任，也是一种愿望。学知识是为了人生更快乐，更有滋味，更有激情。

总之，在孩子学习过程中，孩子自身才是学习的主人。你应该教他们学会将自己的全部感官都调动起来，然后积极地参与到学习中去。自己去看书、去思考，去发现问题、分析问题、解决问题，从而让其掌握自主学习的方法，探索知识的规律。

"我就是不喜欢××老师"——告诉孩子无法挑选老师,就要学会适应

王先生的儿子亮亮今年初三,学习成绩一直不错。

一次数学测验,下课铃响了,亮亮还在埋头答题,数学老师催了几次,他都跟没听见一样,仍在做题。老师发火了,走过去夺卷子,亮亮用手一按,卷子撕破了,数学老师怒气冲冲地拿着卷子走了。亮亮在当天的日记里写道:"我讨厌数学老师,今后我上课不听她的课了,在路上遇到她,我也不和她讲话!"

就这样,亮亮由一个数学尖子生成绩一路滑坡。在后来的考试中,成绩也是一次比一次差,王先生为此很伤脑筋。

不得不说,青春期孩子学习的兴趣和动力很大一部分受老师的影响。而导致孩子不喜欢某个老师的原因有很多:

(1)没有得到老师的重视。老师没有给他一定的工作任务,如当班干部、课堂上很少提问他,或者没有将目光投在他身上,也不找他谈心等。

(2)对某学科提不起兴趣。兴趣是最好的老师,这是有一定的根据的。孩子如果对某一学科根本不感兴趣,就会对该科的老师印象不好,

会导致学习成绩不好。

（3）被老师批评过多。对于那些影响其他同学学习或者不遵守纪律的学生，老师一般都会出面制止并批评。一旦某个孩子被老师批评的次数多了，在老师面前缺少成功、愉悦的心理体验，就会造成老师与孩子感情上的隔阂。

（4）与老师有某些"过节"或者误会。被老师冤枉过，与老师又没有及时解除误会。老师教育、批评学生时，难免出现错误。有的孩子被冤枉了，便会耿耿于怀，产生委屈甚至怨恨的情绪，此时会与老师感情疏远。此时，家长应尽快联系老师解除误会，并向学生道歉。

父母必须要告诉孩子的是，青春期要认真学习，即使不喜欢某个老师，也要认真上课。学习是自己的事，老师不可能适应每个学生去上课，要把握好学习的心态，才会有学习的劲头。另外，也可以主动和老师交谈，打开自己的心结，这也是增进师生关系的好办法。

听听教育心理学家的建议

1. 引导孩子认识不同学科的价值和意义

孩子会因不喜欢某个老师而不愿意学习某门学科，很多时候可能是因为他对这门学科的重要性认识不足，而且有些课的内容本身就很枯燥。但是如果孩子能客观接受它"有用"，那么他们也会排除负面情绪努力学习的。

可以告诉孩子：学会去做好不喜欢做的事情，也是走上社会之后必修的一门课。如你不喜欢英语，但英语是一门工具课，无论你将来从事何种职业，都是要用到的。如果你等到需要用的时候再努力，就失去了最佳的发展时机。

2. 告诉孩子可以先假装喜欢某门学科

人的态度对学习是很重要的，有时态度决定一切。心理学的研究表明，当一个人对某一事物不感兴趣时，可以假装喜欢，告诉自己"其实我挺愿意去做这件事的"。这样一段时间以后，你就会在不知不觉中改变自己的态度，变得对这件事情感兴趣了。

父母也可以告诉孩子尝试用这个方法去喜欢上某个学科。其实很多东西在不会且没有获得成就感的时候，往往是"没意思"的。如果你假装喜欢、迫使自己去学习，并获得进步，这时可能就会发现其中的乐趣。

如果孩子在某门学科上的基础差，学习成绩不太理想，可以告诉他不要过分焦虑，不妨降低一点要求，采取逐步提高的办法。同时，也可以了解一下别人的学习经验，并加以借鉴。要相信一分耕耘，一分收获。当孩子的成绩有所进步时，他的信心会因此得到增强，学习兴趣也就相应地得到了提高。

如果孩子因为不喜欢某个老师而偏科，那么不妨先培养孩子在这门学科上的兴趣。只有这样，孩子才能认识到学习的重要性，也才能真正端正态度努力学习。

压力太大了——引导孩子放松身心，才能提高学习效率

时间过得真快，一转眼，陈太太的女儿小薇都上初三了。而且马上她就要中考了。小薇很清楚，考前一定要调整好心态，但是她还是莫名地紧张。随着中考时间的临近，她这种紧张的情绪也越来越明显。她开始看不进去书，晚上也开始失眠，甚至有时候连饭都不想吃……

这些陈太太都看在眼里，急在心里。她知道，小薇一直想考进市里最好的那所高中。可是依小薇的实力，这个目标的确有点难。小薇树立这样高的目标，更容易心情紧张、压力大。

于是，有一次在小薇看书的时候，她敲开了小薇卧室的门，准备和孩子进行一次倾心的交谈："小薇，妈妈没打扰你吧？"

"当然没有，反正我也看不进去书……"

"你知道你为什么看不进去吗？"

"不知道，但我知道我很害怕自己考不好，一想到自己考不好，我就更紧张了。"

"这就是你看不进去书的根源，如果你抱着'尽最大努力，考不好也无所谓'的态度的话，估计你的心态会好很多。"

"嗯，我知道了。妈妈，谢谢你。"

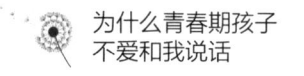

父母都知道，考试要有一个良好的心态，身心放松才能考好。其实，学习过程中又何尝不是如此呢？为什么一些青春期孩子看起来学习刻苦，却收效甚微呢？因为他们没有做到身心放松。

心理问题就像头疼感冒一样，人人都可能遇到。青春期孩子的心理问题更加复杂，如果不及时加以调解，将导致孩子产生心理障碍甚至心理疾病，会直接干扰孩子学习。所以，家长应该及时帮助孩子调解心理问题，让他们以一种平常的、良好的心态面对学习。

听听教育心理学家的建议

1. 认同孩子，理解孩子，感受孩子的压力

家长都希望孩子学习成绩优异，但有时候并不是我们想象的那样。于是，有些学习方法掌握得不是很好，不管怎么努力成绩进步也不是很明显的孩子，或是成绩起伏比较大而心理承受能力又相对差一点的孩子，很有可能就会情绪波动，甚至产生畏难厌学的情绪。碰到自己的孩子恰好是这样，家长的焦急是不难想象的。其实，焦急起不到任何作用，在这种情况下，我们必须保持理智与冷静，并尽量站在孩子的角度，去看待他所承受的这份压力，去感受他内心的紧张与不安，多给他一些安慰与鼓励，想办法让他放松一下心情。例如，带他出去散散步，陪他看一场他喜欢看的电影，或是一起去打打球，等等。

2. 告诉孩子劳逸结合

首先要让孩子保证睡眠，晚上不开夜车。如果睡眠不足，要抽出时间补回来。其次，要适当让其参加运动。若时间允许，可在平时唱唱歌、跳跳舞或者参加一些集体娱乐活动。在看书做作业的空余时间，做做深呼吸、向远处眺望等。

3. 教孩子理性看待分数

学生都很在意自己的分数，毕竟这是学习效果的一个重要体现。但这并不是唯一的体现。如果考试成绩较好，自然值得高兴，但如果考试成绩不佳，也没必要自责或者伤心。毕竟，学习成绩不是判定一个人品质或者能力的唯一标准。

在孩子在学习的时候，要告诉孩子心里不要总想着分数、总想着名次，而应该想着提高自己。提倡孩子不与别人比成绩，只与自己比。这样孩子的心态就会平和许多，没有那么大的压力，学习就会比较轻松自如。

4. 鼓励孩子，告诉他"你行"

我们要始终相信：你希望你的孩子成为一个怎么样的人，他就能成为一个怎么样的人。只是要记住，千万别把这份希望藏在心底不说，也千万不要因为孩子一时达不到你的期望就轻言放弃甚至打击挖苦。我们要相信孩子，鼓励孩子，并懂得用正确的方法引导孩子朝着自己所希望的目标迈进。

在孩子学习时要帮助孩子树立信心，只要有自信，什么事情都能做到。例如，孩子在中考前的某次月考中，他如果这次只考了50分，那么下次只要他及格了，或者哪怕他依旧不及格，但只要没有退步，你就应该感到很欣慰，并且要毫不吝啬地表扬与鼓励他。成绩的提高不是一蹴而就的事，而信心的重建需要从点点滴滴开始。但只要愿意尝试，你就会发现，表扬与鼓励对于孩子真的有着神奇的力量。

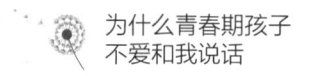

5. 要教会孩子一些自我调节的方法

解决孩子的心理问题最有效的方法是靠他们自己调节。家长只能及时做一些积极的引导，因为这些心理问题基本上任何青春期孩子都会遇到，属于一般心理问题。家长可以告诉即将考试的孩子，可以通过自我心理调节来解决。同时可以引导孩子学习一些简单有效的心理学常识，并结合生活实际总结出一套切实可行的自我调节法。没有必要在孩子有一点心理问题时就紧张得不得了，甚至带孩子去看心理医生。只要让孩子把闷在心里的话说出来，孩子的自我心理调节就成功了一半。所以，家长要尊重孩子，经常和孩子交流是很重要的。

第09章

脆弱的青春期，锻炼孩子的心理承受能力

我们不得不承认，现在大多数的孩子都生活在蜜罐里，过着衣来伸手、饭来张口的生活。他们是整个家庭的"中心"，父母过度的"爱护"让他们既缺乏承受挫折的机会，也没有承受挫折的思想准备。所以当挫折摆在面前的时候，他们就会表现出懦弱、悲观、时时想逃避。但是生活并非一帆风顺，是处处藏着逆境的。因此，在沟通中应该对青春期孩子进行挫折教育，使他们懂得如何正确对待挫折、失败、困难，从而具有较强的心理承受能力和坚强的意志。这些对于他们将来的成长，有着非同寻常的意义。

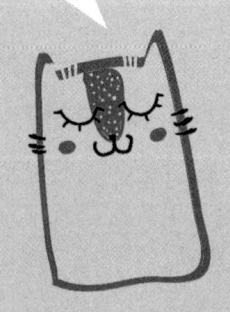

第09章
脆弱的青春期，锻炼孩子的心理承受能力

培养青春期孩子的抗压受挫能力

曾有媒体报道，某中学的一名男生，成绩一直很好。不仅是班上的三好学生，也很受老师和同学的喜欢。

但有一次，一个学习成绩差的同学求他帮忙，让他帮忙作弊，他表示了拒绝。考试结束后，这位同学找他私下谈话，表示了不满，后来还在班里针对他。

事后他对这件事一直耿耿于怀，想要找机会与这位同学聊一聊，但一直没机会。因为心里一直惦记着这件事，学习也受到了影响。

不得不承认，现在的孩子的心理承受能力有待提高。在学习方面，他们过分注重自己的学习成绩，一次考试成绩不理想就会使自己伤心很久，甚至出现厌学的倾向。在人际关系方面，害怕别人拒绝自己，不知道怎么与人相处，而对同学之间的一点小矛盾会感到束手无策，从而使自己心神不宁，学习退步。受到家长和老师的一点批评就会使他们离家、离校出走等。以上种种都是孩子心理承受能力差的表现。

针对青春期孩子中普遍存在的问题，根源还在父母的教育。当孩子还小的时候，父母的过度保护使孩子无法得到磨炼，没有经受过困难与挫折的心理考验。表面上看，这些孩子个性十足，其实内心十分脆弱，

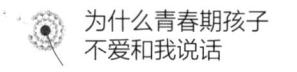

就像剥离的蛋壳，稍一用力，就成了碎片。

所谓心理承受能力，是指一个人从挫折中恢复愉快心情的心理素质。心理承受能力对一个人的生活和工作是非常重要的。一个人只要进入社会，就会遇到各种压力、困难和挫折，有的人能勇敢、乐观地去战胜它，而有的人却显得懦弱、悲观，处处想逃避它。

在这个快速发展的社会里，每个人包括我们的孩子，都会遇到各种压力。如考试不及格，竞赛不入围，升不了重点中学，和同学、老师关系不好等，这些都会给孩子带来心理压力。特别是那些性格内向的孩子、学习成绩差的孩子、单亲家庭的孩子、生理有缺陷的孩子、失足有过错的孩子，他们面对的问题往往更多。再加上有的父母不能正确地指导、对待他们，导致这些孩子在遇到不愉快的事情时，就会有话不敢说。心里郁积的烦闷得不到舒展，久而久之，就给自己造成了巨大的精神压力。

可见，这些在成人看来微不足道的问题，却给青春期孩子造成了精神负担，容易引起孩子的心理障碍。如果孩子从前话很多，突然变得沉默起来，那可能是遇到了问题，父母应该及时给予帮助。

听听教育心理学家的建议

1. 对孩子的挫折不要反应过度

当孩子遇到挫折时，家长一定要正确面对，千万不要反应过度。面对遭遇挫折的孩子，家长要避免做出任何消极否定的反应，因为这种反应只会加重孩子的挫败感。家长不妨改变一下方式，变消极否定为积极鼓励。这样做既在客观上承认了孩子的失败，又充分肯定了孩子的努力，保护了孩子的积极性。同时，家长应为孩子指出继续努力的方向。

2. 从生活中入手，培养孩子的耐挫力

现在的孩子在家过着众星捧月般的日子。只要好好学习，要什么家长就会给什么，但面对一点小挫折都会一蹶不振。要想改变这种现状，家长不妨从生活入手，对孩子大胆放手，不要让孩子得到得太容易，父母只有对孩子真正地放手，孩子才能获得许多体验的机会。

3. 给孩子制定一个适度的发展目标

适度的期望有利于孩子充分发挥自己的潜能。因此，家长既要相信孩子有能力、有发展的潜力，又要注意从孩子自身特点出发，制定相应的目标，使孩子有足够的勇气面对困难。

4. 鼓励孩子直面磨难

现在的独生子女心理素质差，受挫能力普遍较低，这就要求家长帮助他们树立坚强的意志，培养他们敢于直面逆境的信心与毅力。要将孩子面对生活中的困难，让其经历风雨磨难，这对孩子克服软弱、形成刚毅的性格大有帮助。

5. 允许孩子慢一点

现代的独生子女在其成长过程中，父母总想方设法排除一切干扰，让其顺利成长，缺少甚至没有必要的应激和挫折，适应力从何而来呢？遇到挫折又怎能输得起呢？

与其他孩子比较本就没有必要，千万不要忘记对自己孩子的前后比较，更不要从你的视角来设想孩子的所见所闻。因为"你如果不蹲下来

和孩子一样高,又怎么知道孩子看到的仅是成人的大腿呢?",要用成长的事实来鼓励孩子成长。慢一点不要紧,关键是每一步都要有孩子自己的汗水和思考。

  对于培养孩子的抗压受挫的承受能力这一问题,父母一定要鼓励孩子坚强、自信地面对问题,让孩子懂得压力人人都会有。父母也会遇到麻烦,产生心理压力,父母要告诉孩子自己在遇到麻烦,产生心理压力时是怎样应对困难、克服压力的。给孩子树立一个实际的榜样,以增强孩子的勇气和信心。这样孩子往往比较容易听进去,进而化解压力。

第09章
脆弱的青春期，锻炼孩子的心理承受能力

青春期孩子的自信源于父母的鼓励

苗苗今年十三岁了，她一直爱好音乐。爸爸妈妈虽然不同意苗苗以后以音乐为生，但拗不过女儿，还是答应了苗苗学习音乐的要求，每周末要么去学钢琴，要么去学小提琴等。但苗苗是个三分钟热度的孩子，兴趣来得快，也去得快，爸爸妈妈从没想过苗苗能学出什么名堂来。

有一个周六的晚上，妈妈和爸爸一起去小提琴培训班接苗苗，回家的路上，苗苗说："爸妈，我想参加市里面的小提琴大赛，我们学校都没几个人敢报名呢，你们说我可以报名吗？"

"平时出于兴趣，去学一下那些，我们是不反对的。可是我看你还是别报名的好，肯定没戏……"苗苗爸爸给女儿泼了一头冷水。

"你可别这么说，谁说我们苗苗没戏了，我看苗苗很有音乐天赋。苗苗，你去报名，妈妈相信你一定可以的！"受到妈妈的鼓励后，苗苗顿时精神大振。

从那天后，苗苗把每天的空余时间都拿来练琴，小提琴拉得越来越好。果然，在市里的初中生小提琴大赛上，苗苗不负厚望，取得了第二名的好成绩。而苗苗妈妈也认为自己是最有眼光、最明智的妈妈。

自信心是一种积极的心理品质，是人们开拓进取、向上奋进的动力，是一个人取得成功的重要心理素质。自信心在个人成长和事业成就中具有显著的作用。成长阶段的孩子如果缺乏自信心，常常表现为胆怯、遇事畏缩不前、害怕困难、不敢尝试。孩子的认知能力、动手能力、交往能力及运动能力等发展就缓慢。相反，如果孩子具有自信心，什么事都敢尝试，各方面发展就快。

关于这一点，心理学上有个著名的"手套效应"：

一个男孩和很多同龄的孩子一起接受垒球训练。一天教练叫队员排成一行练习击球，别人都击得很好，唯独一个男孩总是不能击中目标。其他的孩子开始议论说"他不是打垒球的料"。这个男孩很懊恼并向教练提出退出球队，教练对他说："问题不是你不会打球，而是你的手套有问题。"随后，教练给了这个男孩一副新手套，并鼓励他说："你绝对是打垒球的料，你会成为优秀的垒球队员！"

果然不出教练所料，孩子带上手套后努力训练，最后成为了一个著名的垒球手！

在上面的故事中，表面看来好像是手套起了作用。其实不然，是教练给孩子带上手套的那一刻说的那句话："你绝对是打垒球的料。"正是有了教练的这种鼓励，孩子才对自己充满了信心！

生活、学习环境的改变，竞争压力的加大，很容易挫伤孩子学习、交际的积极性，让孩子失去信心。同时，也有来自家庭的因素，如孩子从小到大，衣来伸手饭来张口，久而久之什么也不会干，也不学习动手做事，他的自信心也就逐渐没有了。

青春期也是一个人个性、心理品质形成的重要时期，这时期孩子是否自信，直接影响到孩子未来人生路上是否能勇敢面对各种挑战，也决定了将来他们是否能成为充满自信、有坚强毅力和足够勇气的人。因此，自信这种心理品质应该从小就培养，在孩子青春期应该着重培养。言传不如身教，培养孩子的自信心，不是单纯的几句说辞，而需要父母从生活中的点点滴滴入手。

那么，我们该怎样鼓励孩子树立自信心呢？

听听教育心理学家的建议

1. 多鼓励，让孩子勇于尝试

我国著名教育家陈鹤琴先生在讲到孩子心理特点时指出："小孩子喜欢成功的""小孩子喜欢称赞的"。其实这种心理需求，青春期孩子也同样需要。而家长的鼓励是孩子得到的最大的肯定。

因此，无论你的孩子学习成绩怎样，无论孩子做什么事，只要他去做就要给予肯定与鼓励。除此以外，家长还要善于发现孩子的点滴进步和成功，要给予适当赞赏，这会使他们积累积极的情感体验。

2. 赏识孩子，让孩子发现并肯定自己的优点

对于很多家长来说，似乎孩子总是别人的好，别人的孩子听话、懂事，自己的孩子总是"恨铁不成钢"。他们对于自己孩子的长处和优点视而不见，充耳不闻。

应该承认你的孩子也有优点，只是你没有注意。孩子为什么总是考

不好，不是孩子不认真学习，而是你一味地贬低他，让他失去了信心。如果你开始发现他的优点并加以赞赏，想必孩子一定会信心大增。

3. 教孩子学会体验成功

只要尝过成功的滋味，伴随而来就是无比的喜悦以及对自己的坚定自信。所以先让孩子尝到成功的喜悦，就是使孩子建立信心最简易的方法。当孩子做成一件事后，首先应该夸奖他，告诉他："你做得真棒！"适当的时候，可以采取一些物质奖励的方式。而当孩子缺乏自信时，可以告诉孩子："勇敢一点，爸妈为你骄傲！"当孩子体验到成功的美好后，也就不会畏首畏尾，而是大胆地去争取了。

总之，自信心是孩子成长道路上的基石，是学习过程中的润滑剂，是生活中必不可少的勇气。自信心是在实践中培养起来的。因此，在日常生活中，父母一定要相信你的孩子。只有给足孩子鼓励，他才能昂首阔步走向社会，去克服人生道路上的种种艰难险阻，迎接生活中的各种挑战。

第09章
脆弱的青春期，锻炼孩子的心理承受能力

告诉孩子失败没什么，"输得起"才有更多赢的机会

费太太的女儿叫姗姗，现在上初中一年级，是一个好强的孩子。姗姗在学校认真听讲，回到家主动学习，从来不用家长催促，也非常有责任心。费太太越是看到这一点，越是对女儿管教得更宽松些，认为这样才能让孩子轻松学习。

但事实上，孩子的成长方向似乎并不如家长预期的那样完美。费太太在谈到自己的女儿时说："有一次班里选班长，女儿觉得自己不论是能力还是责任心都能胜任，就信心百倍地参加竞选，并且在竞选演讲中充分展示了能力与信心，也获得了同学们的掌声。可是等到投票结果出来，她却以一票之差输给了班里的另一个同学，班长的职务就与她失之交臂。女儿很失望，放学之后，没理会同学，就一个人回家了。这次的失败对女儿的打击很大，她不知该怎样应对。无论我们怎样开解，告诉她一两次的失败并不代表什么，只要尽力就可以，可是女儿依然背负了沉重的包袱。虽然表面上女儿还是和以前一样上学、放学，但我感到女儿好像变了。她不再像以前那么开朗，开始变得做什么事都畏首畏尾，好像很怕输。我真不知道该怎么办了，怎样才能帮助女儿走出失败的阴影啊？"

姗姗的这种心态就是"输不起"，这在很多成绩优秀的青春期孩子身上都有发生。这些孩子虽然有主动的上进心和要强的性格，但一遇到失败，就很容易产生挫折感而变得一蹶不振。其实，这是与家长的教育方式有关的，有些家长和姗姗的父母一样，虽然倾心于为孩子创造宽松、舒适的生活学习环境，但极有可能会适得其反，给孩子造成一种更大的、无形的压力，导致孩子因精神过度紧张而屡屡受挫。他们以为孩子学习成绩好，就可以忽略孩子的心理成长。实际上孩子内心的能量并没有那么强，但是家长无形中所施加的目标又很大很远，所以说他们会在竞争的事情上表现得异常紧张，因为他们想利用这些来证明自己的能力。

还有一类家长，他们对于孩子的要求过于严格，不允许孩子犯一点错误，不允许孩子失败。他们希望孩子在成长的道路上能少走弯路，或者不走弯路。于是当孩子做出了一个决定，而这个决定在父母看来肯定会失败的时候，父母们往往接受不了。他们会急于上来阻止孩子走错路或者直接"越俎代庖"。但事实上，孩子不走弯路、不经受失败这种愿望是不可能的。人的一生不可能一帆风顺，只有经历了挫折与磨难的考验，孩子才能真正地成长。

在温室中成长的孩子，哪里经得起风雨。因此从现在起，家长要改变自己的教育态度和方法，要让孩子明白，"失败"也是一种人生经历，要让孩子经得起失败。

第09章
脆弱的青春期，锻炼孩子的心理承受能力

听听教育心理学家的建议

1. 失败是孩子的权利，允许孩子失败

孩子的成长过程必然伴随着错误与失败，而且这个过程是任何人都不能代替的。父母爱孩子，并不是要包办代替、过度保护孩子。因为在爱的庇护下，会剥夺孩子们感受失败的权利。

虽然有时孩子的水平确实不如大人，他们的知识、技能方面也没有成人熟练，但这就是他们的成长。他们必须经历一个自我探索的阶段，因此我们对孩子的这种失败，要给予充分理解与宽容。只有让孩子亲身经历过失败才能使他们长大成熟起来，也正是经历失败的一次次洗礼，孩子的羽翼才会逐渐丰满，心智才会逐渐成熟。父母可以引导这一过程，但决不能代替。

2. 鼓励孩子去冒险

孩子如果总是逃避风险，就会缺乏战胜困难与挫折的信心，因为他不了解成功的真正含义。如果你希望你的孩子自信，那么就让他为了成功而锻炼。鼓励他去做从来没有做过的事，对他试验的新计划大加赞赏。应让孩子记住，有失败是正常的，在一件事情上的失败并不等于是一个失败者。

3. 提高孩子解决问题的能力，引导孩子在失败中站起来

父母都希望孩子能在成长的路上少一些失败的经历，这是人之常情。但家长在平时的生活中不要过分刻意地为孩子排除一些在正常环境中可能遭遇到的困难。当孩子遇挫时，家长不要立刻插手，不妨留给孩子自己面对困难的空间和机会。当孩子不能独自解决的时候，你可以和他一起讨论，引导孩子去思考，然后让他自己去寻找解决的办法。

　　身处逆境、遭遇挫折对每个人来说未必都具有消极的意义。适度的挫折是一种挑战和考验，它可以帮助人们驱走惰性，获取动力，促进人们奋进。失败也是一种人生经历，孩子正是由不完美走向完美，从不成熟走向成熟，这是一个长大的过程。总之，对于青春期孩子，我们要培养他们"输得起"的心态。只有这样他才有更多赢的机会。在孩子稚嫩的心灵埋下百折不挠的种子，帮助孩子培养正确的人生思想，教育孩子坦然面对挫折。指导孩子稳妥地驾驭环境，增强孩子的心理免疫力，只有做到这些才能使孩子健康快乐地走好人生的每一步！

直面恐惧，让青春期孩子拥有过硬的心理素质

吴先生是个很贴心的父亲，他的儿子亮亮今年十五岁，上初中以来，亮亮迷上了围棋。也参加了几场比赛，但总是惨败而归，甚至对下围棋产生了恐惧心理。后来经过父亲的鼓励，亮亮才大胆走出了失败的心理阴影。

再谈到这件事时，吴先生说："当儿子在下围棋时出现了那样的情况以后，我总是有意识地引导他，'下围棋时肯定会有输赢，只要你好好学，什么时候技术超过了别人，你就能战胜对方了。如果你现在还比不上人家，被别人吃掉时，你也要勇敢些。别哭，你下围棋时多用小脑袋想想，是哪里出错了……'在一次又一次的心理引导和实践的体验中，儿子的承受力渐渐增强了。现在他也参加了围棋班的学习，考验的机会也多了，当孩子面对失败时也更坦然了。"

孩子毕竟是孩子，面对挫折和失败难免会产生负面情绪，甚至会产生恐惧。作为父母，我们是孩子人生路上的老师，当孩子一蹶不振时，你一定要帮助他勇敢走出来。

"要战胜别人，首先必须战胜自己。"这是智者的座右铭。实际上，任何人面对挫折，往往最大的敌人不是挫折，而是自己，是内心的

恐惧。如果你认为你会失败，那你就已经失败了。说自己不行的人，爱给自己说丧气话，遇到困难和挫折，他们总是为自己寻找退却的借口。殊不知，这些话正是打败自己的最强有力的武器。

对青春期孩子来说，他们并不像成人一样有很强的自我调节能力。因此他们需要父母的帮助。面对恐惧，他们常有的表现是躲避，而试图逃避只会使这种恐惧加倍。只要孩子能去做他所恐惧的事，并持续地做下去，直到有战胜困难和恐惧的经历，他便能克服恐惧。在这个过程中，父母起着不可代替的作用。

听听教育心理学家的建议

1. 告诉孩子"你能行"

生活中，许多孩子说"我不行"。而他们之所以会有这样的意识，有两个来源：一是源于自我，叫作自我意识；二是源于他人，叫作外来意识。有些家长总觉得自己的孩子不行。一个孩子这样说："我想学游泳，我妈妈说我不行，我从小体弱，下水会淹着的！我想学炒菜，我妈妈又说我不行，会烫着手的！我想学骑车，我妈妈说我不行，会摔着的……不行，不行，我什么时候才能行？而妈妈的回答居然是'你是个孩子'。"

父母这样做看上去是爱护孩子，实际上是害了他。久而久之，孩子会认为自己是弱者，觉得自己真的什么都不行了。"我不行"在孩子的头脑中一旦扎下了根，孩子就会变得做任何事都没有信心，会觉得离开了父母和老师寸步难行。而"我能行"是一种正面信息，是成功者必备的心理素质。总用正面信息来调节自己，不知不觉一种"我能行"的形象也就塑造出来了。

2. 给予引导

当孩子遭遇挫折和失败时，父母应引导孩子一同分析受挫的原因，并从中吸取教训，想办法克服困难。当他们自己克服了困难时，父母应鼓励、肯定他们，让孩子体验成功的喜悦，这样才能增强他们以后克服困难的信心。如果他们独自克服不了困难，父母应给予适当的安慰和帮助，以免造成孩子过分紧张，影响身心健康。

3. 借助孩子的其他优势来激励他

在某一领域里的充分自信可以帮助孩子更好地面对来自外界其他方面的挫败。如果面对挫折，孩子将自己的优点丢在了脑后，父母一定别忘了提醒他们，让他们学会借助优势，激励他们改变弱势的信心。

优势激励能让孩子有一种自我价值的肯定，这种心理暗示能鼓励孩子逐渐克服对失败的恐惧。

4. 在日常生活中多鼓励孩子做一些他们没有做过的事

做曾经不敢做的事，本身就是克服恐惧的过程。孩子走出第一步，敢于尝试就说明他们已经突破自己了。在不远的将来，即使孩子还会遇到很多困难，但因为曾经磨炼出的勇气，孩子一定能自己面对。

父母需要记住的是，挫折教育并不是为了让孩子接受挫折，而是为了让孩子获得自己克服困难和挫折的勇气。在这个过程中，如果你的孩子产生了恐惧心理，你一定要当孩子的引路人，给他们足够的鼓励和指引。

第10章

会交友，交益友，引导孩子建立良好的人际关系

对青春期孩子而言，主要的人际关系有三种：同伴关系、师生关系、亲子关系。当孩子在学习、生活上遇到挫折而感到愤懑抑郁时，向知心挚友倾诉，就可以得到心理疏导，身心也就更健康，学习就更有劲。而那些孤僻、不合群的孩子往往有更多的烦恼和忧愁，甚至影响正常的学习和生活。父母要明白的是，帮助孩子提高交际能力是家庭教育的重要内容。要做到这一点，需要从孩子的心理角度出发，了解青春期孩子渴望交朋友的心理，进而帮助孩子真正学会如何交友，如何交益友！

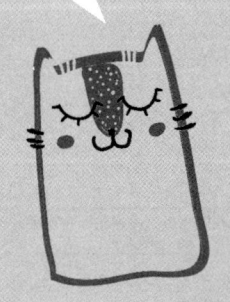

告诉孩子如何选择朋友

王太太发现自己的儿子小凯最近有点不高兴,经过问询后才得知,原来小凯最好的朋友辉辉最近有了新朋友,便不理小凯了。王太太心想,怪不得辉辉这孩子最近也不来家里"蹭饭"了,也不和儿子一起说小秘密了。

和辉辉的一次交谈中,他告诉王太太,他认识的这帮朋友人都很好,经常请自己吃饭,还带自己去玩。王太太心里便有点担忧,怕辉辉交了不良朋友。

果然,不到半个月辉辉就跑来对小凯说:"原来他们并不是什么好人。那天,他们说要带我去玩,我们去了台球室,我亲眼看见他们勒索别人。我现在该怎么办,他们肯定还会再来找我的。"

王太太对辉辉说:"别担心,以后回家的路上就和小凯还有其他小伙伴一起,你们人多,他们不敢怎么样。另外,辉辉,阿姨要告诉你,你这种交朋友的原则是不对的,这些社会不良青年就是要对你们这些单纯的青少年下手,他们往往用的就是同一种伎俩。朋友贵在交心,而不是物质上的,你明白吗?真正的朋友是要帮助你成长成才的。"

听完王太太的话,辉辉和小凯都似乎不太明白。于是,针对择友标准,王太太又给孩子们好好上了一课。

青春期是每个孩子的人格发展和形成期，这时候交什么朋友，与什么样的人交往，会对孩子的一生产生影响。它不但影响着孩子的言行、穿着打扮、处世方式、兴趣趣味，还影响着孩子自身的价值观以及对自我的认识。

交友应该是有选择的，而且要从善而择。和好人交朋友，孩子自身才能提高并完善。所谓"与善人居，如入芝兰之室，久而不闻其香"，长期与一个人在一起，自然会潜移默化受到他人的影响。

那么，对于青春期孩子来说，应该选择和什么样的人做朋友呢？

这个问题不能一概而论。因为每个人的需求是不一样的，所以在择友上也有不同的标准。不过择友是有一些规则的。古人云："择友如择师。"现实生活中，一般人都喜欢找各方面或某一两方面比自己强的人做朋友。以强者、优秀者作为自己平时行为举止的榜样，这一点在青少年中尤为明显。如有的孩子会指责同伴中喜欢和老师交流的，总跟班干部在一起的。其实这些孩子的选择无可厚非，这是他的一种交友之道。同时，这也是出于一种想要使自己迅速强大起来、建立理想自我的愿望。况且，在同龄人中，见多识广、有能力的人更容易引起周围人的注视，更容易交到朋友。当然，每个人都有每个人的长处，见到别人的长处应该学，见到别人的短处应该戒。不可盲目自满和自卑，只要自己肯学习，肯弥补自身的不足，将来一定会有作为。

当然，对于尚未成熟的青春期孩子来说，他们并不清楚何为正确的择友标准，这就需要父母在生活中潜移默化地告诉孩子。

第 10 章
会交友，交益友，引导孩子建立良好的人际关系

听听教育心理学家的建议

1. 鼓励孩子拓宽自己的交友面

父母要多鼓励孩子通过广交朋友的方式来完善自己，并扩大自己的交友圈子。这样可以接纳不同类型的朋友，因为多层次、全方位的朋友对孩子的发展是有益的。当然，还应鼓励孩子把那种见利忘义、损人利己的"小人"排除在外。

另外，父母要培养出具有广阔胸怀的孩子，因为只有心胸开阔的孩子才能包容别人的过错。你也可以告诉孩子：如果你能有一两个敢于直陈己过，会当面批评自己过失的诤友，他们就是真正的朋友。

2. 培养孩子的观察力，教会其谨慎交友

古语云：近朱者赤，近墨者黑。能否交到益友，关系到孩子的一生。所以，父母要教会孩子谨慎交友。父母应该告诉他们：在还未了解对方基本品质之前，仅凭一时的谈得来和相互欣赏就贸然地把信任与情感全盘托出，是很容易为以后不良关系的展开埋下伏笔的。

父母更要提醒孩子注意，朋友要广但不能滥交，要恪守"日久见人心"的古训。让孩子与对方多次交往与活动，通过观察对方的言谈与举止，洞悉对方的个性、爱好、品质。在交往中觉察他的情绪变化，从而判断他是否值得深交。

3. 告诫孩子要与不良朋友划清界限

孔子曰："益者三友，损者三友。"如果青春期孩子能交上好的朋友，是非常有利于他们学习进步和身心的全面发展的，这会让他们受益

一生。但是如果交的是坏朋友，则会影响学业，甚至误入歧途。青春期是个缺乏社会经验并且是非分辨能力差的时期。父母虽不能阻止孩子交友，但可以告诉他们谨慎交友的道理，要鼓励孩子与有道德、有思想、有抱负的人做朋友；要与遵纪守法、正直、善良的人做朋友；要与学习认真、兴趣广泛的人做朋友。而对于那些不良朋友，一定要与他们划清界限，要知道有些孩子受周围不良朋友的影响，拜金主义、享乐主义思想不断滋长，他们追求奢靡的生活作风，不断放纵自我，不仅荒废学业，还有可能走上违法犯罪的道路。

第 10 章
会交友，交益友，引导孩子建立良好的人际关系

鼓励青春期孩子多参加有意义的聚会

陈女士最近发现女儿小美很苦恼，好像有什么心事，一回家就数抽屉里那点零花钱。陈女士在想这丫头是不是要买什么东西，又不好意思跟家长开口。于是她就问小美："小美，该买的东西妈妈都会给你买的。"

"不是这事。妈妈，最近我们班要办个活动，需要每人交三十块钱。"

"什么活动？"

"其实也不是什么重要的活动，我都不想去。是班长组织的，说我们马上要升初中三年级了，想办个聚会，可以多交流一下学习心得之类的。"

"这是好事啊，应该去呀。"

"妈妈，你也知道我只和莉莉以及阿芳玩得比较好，所谓的聚会我猜估计就是在一起吃吃喝喝，哪里真是交流什么心得呀？而且现在学习这么紧了，这不是浪费时间和金钱以及精力吗？但大家都已经交钱了，我一个人不去，又怕人家说我。"

"你考虑的的确挺多，但是你想，既然学习很紧张，你可以把这次聚会当成一次放松的机会呀！妈妈觉得你们班的这次聚会还是有意义的。大家平时自己学自己的，不相往来，何不趁这次机会，大家重新认识一下彼此。你说呢，菲菲？"

"妈妈说得对，说不定我还能交到新朋友呢。"小丫头脸上紧皱的眉头一下子舒展开了。

很多青春期孩子忙于繁忙的功课和两点一线的生活，每天的生活紧张又千篇一律。孩子慢慢地和同学疏远了，和朋友疏远了，生活也会枯燥无味。因此一些有意义的聚会，青春期孩子也可以多积极参加。

参加此类聚会最重要的益处就是能锻炼一个人的交际能力。青春期是每个人跨入社会的前奏，社会是人生的大课堂。作为即将成为社会人的青春期孩子，多参加有意义的聚会，能让孩子学会与人交际应酬，锻炼自己说话的能力和为人处世的能力，而且也能结交不同的人。这对于青春期孩子的智力、人格、性格等方面都有积极的影响。

另外，参加一些有意义的聚会，如同学聚会，不仅能联络孩子和同学之间的感情，还能拉近和同学之间的距离，让你的孩子更受同学的欢迎。孩子一旦到了青春期，就会自动地疏远异性。一般情况下，他们只生活在自己的小圈子内。实际上，异性之间的适度交往对于青春期的孩子来说是很有必要的。

参加聚会也是适当调节学习压力和吐露心事的一个重要方式，毕竟同龄人之间有着很多的相似点。面对每天同样紧张枯燥的学习生活，他们更容易引起共鸣，相互之间的交流能减轻生活和学习的压力，同时彼此之间的鼓励也会让他们鼓起勇气和信心，继续努力学习！

因此，参加有意义的聚会对于青春期孩子来说有益处的。父母应当鼓励而不应阻止。当然，这个前提是参加有意义的聚会。那么通常情况下，哪些聚会是没有意义甚至是有害的呢？

听听教育心理学家的建议

1. 网友之间的聚会

随着网络的盛行，很多青春期孩子喜欢把自己的业余时间泡在网上，他们也就容易认识一些网络朋友。很多青春期孩子更是单纯地认为网络中有纯真的友谊和恋情，甚至与网友一起聚会，其实这是很危险的。父母应告诫孩子，对待网络朋友一定要慎重，更不可单独与网络朋友聚会。

2. 以奢侈消费为前提的聚会

现代校园中攀比之风盛行，一些孩子三天两头聚在一起，谈论一些不适宜未成年人的话题。实际上，这些聚会是无意义甚至是有害身心健康的。而且以这种方式交往的朋友充其量也只是酒肉朋友，不是真正的益友。

3. 与社会不良人士之间的聚会

我们发现社会上有一些不良人士总是喜欢把魔爪伸进学校。因为学生相对单纯，更容易为其所用，而他们惯用的伎俩就是用物质诱惑学生，并打着所谓的交朋友的旗号。对于这样的聚会，父母必须阻止孩子参加，否则孩子一旦交友不慎，后果不堪设想。

当然，对于孩子参加的聚会，我父母应当有一些了解，要尽量让孩子避开那些无意义的活动，让他们远离危险禁区！

告诉孩子如何自信大方地与人交往

周六的早上,方太太在做家务,她的儿子走过来跟她聊天,向她说了一件在学校发生的事:

这周三的最后一节课,语文老师给大家布置了一篇话题作文,以"我最烦恼的事"为话题。周五的作文课上,老师点评了一篇作文,是来自班上一个学习成绩较好的女生的,其中有这么一段:

"我是一个女生,性格还是比较外向的,虽长相然算不上出众,但是自我感觉还可以。学习也不错,班里前十名,可是就是人缘不好。可能是我比较好强,看到别的女生周围有一堆男女生和她说话,我就有点不自在。女生还好点,尤其是男生,好像都很反感我。看到他们和别的女生闹,我也想去玩,可是却不知道怎样加入他们。听我一个好朋友跟我说,她的同桌跟她说比较反感我,也没有说原因,还说不许我那个好朋友告诉我。虽然我知道了,可是我很无奈,也许是因为我说话的缘故吧。我真的不知道该怎样和男生们交谈,怎样才能让别的同学喜欢和自己说话,有共同语言。我到底该怎么办?"

老师念完以后,班上已经哗然一片了。因为虽然老师没说出这个女孩的名字,但同学们已经猜到了。老师补充道:"我把这篇作文读出来,并不是说这篇作文写得好与差。也不是对这个女同学有任何意见,

第10章
会交友，交益友，引导孩子建立良好的人际关系

只是为了引起大家的重视。希望所有同学以后不管怎样，都要相亲相爱，毕竟我们这是一个集体，我不希望有任何同学感到这个集体很冷漠。"

这次作文课上完后，那个女孩好像得罪了很多人，和她说话的人更少了。

在说完这个故事后，方太太的儿子又问了个很复杂的问题："妈，您说我们在学校怎么样才能受人欢迎呢？"事实上方太太明白，自己的儿子已经做得很好了，周围的老师和同学都很喜欢他，但既然孩子问他，她就详细地教了孩子一些为人处世的方法。

不受同学欢迎、人缘差，的确是困扰很多青春期孩子的一个问题。每一个孩子都希望自己受大家的欢迎，能融入周围同学。但却因为孩子自身的一些原因，他们的人际关系并不是很好。针对这个问题，父母要做孩子的心理指导师，帮助孩子有针对性地改变自己。可以与孩子先聊聊，看看自己在哪方面做得不够，也可以通过其他方式了解孩子不受欢迎的原因。

为此父母在引导青春期孩子的过程中，需要着重培养他们拥有以下几种交往品质：

听听教育心理学家的建议

1. 自信

人际交往中最重要的一个品质就是自信。因为只有自信的人才能成

功将自己推销给别人。无数事实证明，这类人更容易赢得他人的欢迎。自信的人总是不卑不亢、落落大方、谈吐从容。但绝不是盲目清高、孤芳自赏，而是能清楚地认识自己和发现自己的不足。他们善于接纳他人的意见，用于改正自己的错误。只有发扬自己的优点，改正自身的缺点，在社会实践中不断磨炼、摔打自己，才可以使自己尽快成熟起来。

2. 真诚

"浇树浇根，交友交心"。想要交到真正的知心朋友，首先要真心待人，真诚的心能让双方敞开心扉、肝胆相照、心心相印，真诚的人能使友谊地久天长。

3. 信任

美国哲学家和诗人爱默生说过："你信任人，人才对你重视。只有以伟大的风度待人，才能表现出伟大的风度。"在人际交往中，信任就是要相信他人的真诚，从积极的角度去理解他人的动机和言行，而不是从心里猜忌对方，在心里对他人设防护墙。因为信任是相互的，你信任别人，别人也才会信任你。

4. 自制

人际交往中难免会因为意见不合、误会等原因产生摩擦、冲突。而此时，学会克制自己的情绪，就能有效地避免争论，达到"化干戈为玉帛"的效果。

青春期孩子要想克制自己，就要学会以大局为重。即使是在自己的自尊与利益受到损害时也应如此。但克制并不是无条件的，应有理、有利、有节。如果是为一时苟安，忍气吞声地任凭他人无端攻击、指责，则是怯懦的表现，而不是正确的交往态度。

5. 热情

在人际交往中，热情的人总是不缺朋友，因为别人始终能感受到他们带来的温暖。热情能促进人的相互理解，能融化冷漠的心灵。因此，待人热情是沟通人的情感、促进人际交往的重要心理品质。

人际交往是一门学问。青春期是培养交往能力的重要时期，也是积累人生阅历和社会实践能力的重要时期。拥有良好的交往品质是交往的前提。父母应该鼓励孩子把心打开，让自己融入集体，让自己人生的重要时期多姿多彩！

为什么青春期孩子
不爱和我说话

告诉孩子做错了要主动道歉

这天,在下课前的十五分钟内,老师让语文课代表为大家朗读了一篇名《人生的弱点》的文章:

我住的地方,靠近纽约中心。从家里出门步行一分钟,就是一片森林。我常常带着雷斯到公园去散步,它是一只温驯而不伤人的小狗。因为公园里游人稀少,我一般不给它系上狗链或戴口罩。

有一天,我带着雷斯在公园碰到一位骑马的警察。他严厉地拦住我们,"为什么不给它系上链子?"他训斥道:"不知道这是违法的吗?""是的,我知道。"我连忙温和地回答:"不过我的狗从来不咬人。""不咬人!这是你自己的想法,法律可不管你怎么想。它可能在这里咬死松鼠,也可能咬死小孩。这次我不追究了,下次我再看到这只狗不系链子,不戴口罩,你就只好去跟法官解释了!"我客气地点头连说"遵命"。我的确照办了,可是雷斯不喜欢戴口罩,有一次我决定再碰碰运气。

这天下午,雷斯和我在一座小山坡上赛跑。突然间,我们又碰上了那位执法大人,雷斯跑在前头,向他直冲去。我知道这回要倒霉了。于是不等警察开口,就抢在他前头说:"警官先生,这下你当场抓到我了。我确实有罪,触犯了法律。你在上个星期就警告过我了。""好说，好说。"警察说话的声调意外地温和。"我知道在没有人的时候，谁都会忍不住要带这么好的一只小狗出来溜达。""这倒是的，"我说："但我违反了规定。""这条小狗大概不会咬伤别人吧？"警察反而为我开脱起来。"这样吧，你们跑到我看不见的地方，事情就算了。"我向他连连道歉，带着雷斯走过了山坡。

语文课代表读完文章，老师说："对于'带狗'这一事件，这位警察的态度为什么会发生如此巨大的变化？因为狗主人的主动道歉在这里起了很大作用。假如这位狗的主人不是主动认错，而是与警察辩解，那么不管他怎么辩解，恐怕也不会得到警察的谅解。所以我也希望同学们在交朋友的过程中，如果做错了事，一定要主动道歉……"

每个人都生活在一定的社会关系中，谁也避免不了在与人交往时伤害别人或者被别人伤害。做错了事说声"对不起"是一种符合社会行为、体现人的素质、增进人际交流必不可少的行为。尽管大多数伤害是无意的，但学会道歉和学会接受道歉，是打开通向原谅和恢复关系大门最有效的钥匙。

同样，生活中的父母们，如果你的孩子正在为做了让朋友生气的事而烦恼，我们一定要让孩子学会道歉，进而挽回友谊。美国著名心理学盖瑞·查普曼博士提醒说："孩子在小时候就能学会道歉的语言，随着年龄的增长，他们对道歉的重要性会有更深的领悟和理解，这为今后他们的道德和人际关系发展奠定了基础。"通常，我们都需要经历一个漫长的过程才能让孩子明白，当他们的行为让别人受到身体上或者情感上的伤害时，他们应该道歉。而一旦他们能够发自肺腑地说出"对不起"，那么他们不仅仅是掌握了一项社会技能，更重要的是他们同时学到了怎样去补救自己的过失，怎样对自己的行为负责，怎样照顾他人的情感。父母该怎样学会这门教育心经，让孩子在伤害对方的时候，为自己的行为负责，向对方道歉呢？

听听教育心理学家的建议

1. 引导孩子认识到自己的错，是主动道歉的前提

孩子没有学会道歉，可能是因为不懂得是非概念，不知道生活中什么是对的，什么是错的，为什么是错的，更不知道自己应该怎样改正错误。因此，父母切不可对孩子动辄责备，而应耐心地告诉他们为什么错了，错在哪里。认错需要一定的勇气，孩子不敢认错，可能是害怕承担后果。父母应给孩子一种安全感，告诉孩子每个人都有犯错误的时候，只要改了就是好孩子，避免孩子产生畏惧感。

2. 教会孩子一些真诚地向别人道歉的艺术

（1）教会孩子用一些小礼物表达自己的歉意，这就是"尽在不言中"的妙处。孩子之间的矛盾不是什么"深仇大恨"，只要有一方主动示好就能化解。

（2）让孩子切记道歉并非耻辱，而是真挚和诚恳的表现。伟人也有道歉的时候，起初邱吉尔对杜鲁门的印象很坏，但后来他告诉杜鲁门以前低估了他。这句话就是以道歉方式做出的赞誉。

（3）除非道歉时真有悔意，否则对方不会释然于怀，道歉一定要真诚。

（4）告诉孩子道歉要堂堂正正，不必奴颜婢膝。你想把错误纠正，这是值得尊敬的事。

（5）让孩子明白，应该道歉的时候就马上道歉，越耽搁就越难启齿，有时会追悔莫及，要抓住时机不要放过机会。

当然，家长要以身作则，给孩子树立好榜样，自己做错的时候也要真诚道歉。总之，我们要让孩子明白，道歉是对自己行为负责的表现，是真正的勇者，这样的人一定能得到朋友的原谅！

第11章

不安的青春期，帮助孩子处理生理和感情问题

每个孩到了青春期后，都渴望与异性交往，希望获得异性的注意。但这个阶段的孩子毕竟对爱情和婚姻还没有一个正确的认识。而且，青春期是积累知识的年纪，是为理想和目标努力的年纪，过早的恋爱对青春期孩子的身心发展都不利。作为父母，当孩子进入青春期后，一定要多与孩子进行沟通。当发现孩子有早恋的倾向时，要对他们进行巧妙的引导和沟通。做孩子的知心朋友，聆听他们的心声，让他们在父母的支持帮助下走出情感的旋涡！

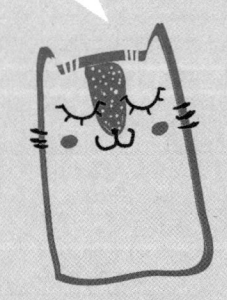

第11章
不安的青春期，帮助孩子处理生理和感情问题

青春期孩子为什么开始刻意疏远异性

这天，吴太太刚买完菜回来，就在小区门口遇到了隔壁家的小刚，小刚很疑惑地问吴太太："吴阿姨，最近小玲是不是生病了？"

"没有啊，你们俩不是一个班的嘛，她天天都去上学啊！"

"那就奇怪了。"

"怎么了？"

"我以为小玲有什么心事呢，我发现，从这学期开始她就老躲着我，平时即使看到我都绕道而行，有时候说不上两句话，她就急匆匆地走开了。"说完这些，小刚更不解了。

"你们吵架了？"

"她是女生嘛，小时候一起玩我都让着她，怎么可能吵架呀。"

"那我差不多知道为什么了，你放心吧，回去我会好好和她沟通的……"

吴太太明白，这是因为女儿长大了，开始知道男女有别，在和异性交往的时候也就刻意保持分寸了。

在青春期的最初阶段，男女同学相处似乎比较困难，即使是童年时很要好的异性同学，这时也会不自然地退避。男女同学在学习、娱乐

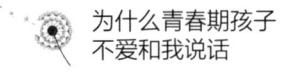

及各项活动中界限分明，即使偶有接触也显得很不自然，不像儿童时代那样无拘无束、天真烂漫。这段时期心理学上称作"异性疏远期"。这一点在青春期女孩身上尤为明显。有些女孩或多或少地认为男女交往有伤风化，因此慑于舆论和所谓的名声，男女同学间壁垒森严，互不搭界。

父母要知道，一个缺乏与同龄异性接触的孩子总表现出一种不健康、不自然的交往。在这个时期对异性交往的限制常常给他们带来不良的影响，尤其是在选择异性配偶方面。正如德国医学家布洛赫指出的："完善的性教育是无害的，这种教育认为，性的本能像别的事情一样，是光明正大的，完全自然的。受过教育的人把一切自然的东西都看成是客观存在的，并且承认它们的作用和必要性。对他们来说，性的本能是生存的条件和前提。"性教育的目的是培养道德坚定性，从而克服两性关系中的不良现象。科学的性教育可以避免青少年生活中的过失、错误、痛苦或不幸，使他们的身心得以健康成长。而在这个过程中，父母有义务教育孩子，告诉他们在与异性交往时，要大方优雅并以尊重对方为前提。只有这样才能坦然地、不失分寸地交往，才能获得异性同学之间纯洁的友谊。

听听教育心理学家的建议

1. 让孩子认识到青春期男女同学交往的益处

一些父母一听到孩子与异性同学交往，就敏感多疑，认为孩子可能早恋。其实，青春期男孩和女孩之间的交往并不会像很多父母想象的那

第 11 章
不安的青春期，帮助孩子处理生理和感情问题

么严重，相反也会有一些良性的结果。当孩子进入青春期后，由于生理和心理发育的急剧变化，他们情绪易于波动，活动能力增强，这些都属于正常现象而非恋爱。

有些女生说："我觉得男生心胸开阔，和他们在一起时我的心情也开朗了。"有些男生说："也不知为什么，比赛时如果有女生在场观看，我们男生就跑得特别卖力。"其实，这些都说明了正常的异性交往对双方的心理健康发展都会有促进作用。由于男女同学各自特点不同，男生往往比较刚强、勇敢、不畏艰难、独立，而女性则更具细腻、温柔、严谨、韧性等特点，男女同学的正常交往可以促使双方互补，对他们的性格发展和智力发育都有益处。

2. 告诉孩子如何与异性相处

单就青春期这一阶段来说，男女同学共同学习、相互帮助、友好相处，这是很有必要的。但与异性相处，一定要大方面对。可是这个交往的原则应当如何把握呢？

（1）要以树立远大的理想为前提。在远大理想指引下的男女同学一起学习、活动会源源不断产生向前迈进的动力。

（2）要把握语言和行为的分寸。交往要热情、开朗，尊重他人，也要自尊自爱。既要真诚相处，又要端正大方。

（3）扩大交往的范围，要主动与大家一起参与集体活动。积极主动参与集体活动，努力使自己成为集体中活跃的一员。保持男女同学之间正常的友谊，不要让友谊专注在某一个人身上，尽量不要单独与某一异性同学相处。

为什么青春期孩子不爱和我说话

进入青春期后,孩子在生理、心理上都产生了很大的变化,性意识也随之觉醒,他们乐意与异性同学交往。父母不但不能阻止,还要予以鼓励并加以引导,让孩子坦然面对青春期的异性交往问题。

第 11 章
不安的青春期，帮助孩子处理生理和感情问题

引导孩子学会拒绝异性的求爱

金太太的女儿莹莹今年十五岁了，长成了一个漂亮的大姑娘。但最近莹莹遇到了一些烦心事。金太太和女儿之间从来都没有秘密，于是她决定和女儿好好谈谈。

原来，莹莹的一位异性朋友给她写了一封情书，并向她表白了。

"要不你就接受吧。"金太太开起了女儿的玩笑。

"什么，你开玩笑吧，这时候还拿我寻开心。"

"要拒绝是肯定的，但我觉得你不能直接拒绝他，毕竟你们以前的关系那么好，他人也很好。人家写这份情书也是需要巨大的勇气的，要是直接拒绝肯定很伤害他，你们就连朋友都做不成了。"

"是啊，我担心的也是这个，他经常帮我忙，我真的拿他当好朋友，那你说我怎么办呢？"

"写一封信，拒绝的信，但一定要注意态度要坚决，语气要委婉。"

"对哦，这样很好，能避免见面拒绝的尴尬。可你知道我的文笔很差劲，该怎么写？"

"拿笔来，妈妈帮你，有我出手，还怕搞不定？"……

情书大概是很多少男少女对异性表达爱意的方式。青春期是情窦初

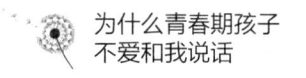

开的年纪，当接到异性递来的情书时，脸红心跳是正常的现象。但一定要理智对待，千万不要抱有"有一个异性追求我，看我多有本事"的炫耀心理，这是对自己不负责任的表现，也会伤人伤己。不能因为害怕伤害对方而犹豫不决，耽误彼此学业。更不能不顾对方的心理，不注意说话方式直接拒绝，甚至告诉周围的人。

故事中金太太的做法是明智的，父母也可以告诉孩子：你可以给对方认真地回一封信，劝对方放弃这种念头，让其抓紧宝贵时光用心学习。如果对方一而再、再而三地穷追不舍，你可以直接告诉对方：如果再这样，就去告诉老师。只要你的态度坚决而明确，一般来说对方也就会放弃了。

一般来说，青春期孩子无论是男孩还是女孩，面对异性的追求既欣喜也会苦恼，苦恼的根源在于他们既想拒绝这一爱情表白，又怕伤了对方的心。尤其在对方与自己有深厚友谊时，这苦恼就来得更为强烈。因为一旦拒绝，友谊很可能会随着一句"对不起"随风消逝。我们必须告诉孩子，不管多么困难，不能接受的爱情总是要拒绝的。

为此，我们要教导孩子拒绝异性时一定要选择好方法和时间。

听听教育心理学家的建议

1. 态度要坚决，不能模棱两可

要告诉孩子："对于对方来说，拒绝难免是一种伤害，但不能因此而犹豫不决，因为这样会造成不必要的误会，对彼此双方都会造成伤害。既然是对你有好感、追求你的人，对你的言行都非常敏感，就不要给他任何希望,才会让他知难而退。"

2. 学会不伤自尊地拒绝对方

当然,这也是要根据对方的性格和人品而言的。如果对方是道德品质好、真心实意求爱的异性,你希望能维持彼此间的友谊,就要注意自己说话的方式。尽量减少拒绝给对方造成的心理伤害,要使对方更易于接受,就必须设法维护对方的心理平衡。要让对方明白,你拒绝他并不是因为他不够好,而是因为自己的原因。具体来说,你不妨先对对方的人品和才华等加以赞许,然后说明你不能接受求爱的理由。说出的理由要合乎情理,最好从对方的角度提出有利的方面,让对方觉得拒绝也是为了他好。

3. 选择合适的时机

合适的时机是在对方求爱一段时间后。一般来说,不要在对方刚表白时立即拒绝,因为此时对方很难接受。但也不可拖延太久,给对方造成误会。当然,具体选择什么时机要视具体情况而定。

4. 选择恰当的方式

考虑到你们平时的关系和对方的个性特点,可以选择冷处理、面谈或书信等方式。但不要采用托人转告的方式,也不要在公共场合,因为这显得对对方不够尊重,还可能带来不必要的麻烦。

引导青春期孩子走出暗恋的旋涡

赵女士的儿子星星今年十五岁，是个很懂事的孩子。赵女士虽然没什么学历，经济情况也不是很好，但很会教育孩子。星星也一直把她当成好朋友。最近，她看儿子好像心事重重的，便在周末的上午把家务忙完以后，就来到儿子房间。

"星星，你是不是遇到什么事情了？"

"我不好意思开口，太难为情了。"星星说。

"妈妈很多事都是过来人，我想我能帮你，如果你实在不好意思开口，你可以给我发邮件，我会给你回的。"

"好吧，妈妈。"

晚上的时候，赵女士打开自己的邮箱，果然看到儿子的邮件，内容是这样的："我感觉到我真的喜欢上一个女孩了，是一种我从未有过的感觉，那个女孩是隔壁班的同学，我确定世界上真的有一见钟情的存在。因为从我第一次看到她，我就喜欢上了她，可爱、纯真、活泼、美丽……我简直无法形容她的好了。反正我觉得她是世界上最漂亮的女孩，我开始每天都想见到她，我每天都被一种奇妙的感觉牵引着……我的情绪也开始被她影响着，她开心，我也开心；她忧郁，我也跟着难受。当我心情不好的时候，只要一见到她，心中马上就豁然开朗。总

第 11 章
不安的青春期，帮助孩子处理生理和感情问题

之，我的心情随她而变，我可以确定，我是爱上她了。可关键是我不敢说出口，因为她那么优秀，那么美丽，肯定不会看上我这样一个普通的男生。妈妈，我该怎么办？"

看来，儿子真的是情窦初开了，那么这封信该怎么回呢？

很明显，案例中的星星是对隔壁班的一个女生产生了倾慕之情，但又不敢说出口，这就是人们常说的暗恋。有人说初恋是纯真的，其实最美的还是暗恋，青春期爱情萌动，哪个少男少女不钟情？暗恋永远是那么甜美那么青涩。

大多数情况下，孩子们心中的人也许并没有想象的那么完美。但俗语说"情人眼里出西施"，这说明喜欢一个人的感觉主观而片面。孩子们听不进他人的意见和建议，一定是他认为的好就是好，你说不好也听不进去。当家长持反对意见或者试图阻止时，他就产生逆反心理，不然就"转入地下"，这是最让家长感觉头疼的地方。

很多家长认为，在教育孩子的过程中，尤其对于青春期孩子一定要严加看管，否则孩子很容易陷入早恋的泥潭。于是，孩子与异性说话都成为他们捕风捉影的信号。而很多父母的这种态度是孩子不敢向父母倾诉暗恋心情的原因。

庆幸的是，案例中的赵女士是个明事理的妈妈，她深知儿子对情感问题难以开口，便建议儿子采取写邮件的方式倾诉出来。对于儿子暗恋某个女孩这一事实，也没有采取打压的方式，而是在寻找方法怎么

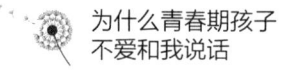

引导孩子。

如果你的孩子也情窦初开有了暗恋对象，该怎么处理呢？

听听教育心理学家的建议

1. 理解孩子的情感

其实无论是谁，喜欢上异性都是难以自控的。尤其是青春期孩子，更为心中的小秘密是否应该告诉对方而烦恼。不说出来自己心里很想念，说出来又怕对方不接受，于是辗转反侧，心烦意乱。

父母要告诉孩子，一个情窦初开的孩子对异性产生好感甚至有与之交往的冲动，这是正常的。这都是成长过程中必然要经历的，但要学会合理控制自己的情感，掌握交往的分寸。要知道，青春期恋情多数会影响学习，还可能会成为自己实现目标理想道路上的障碍。因此，将小秘密埋藏在心里是明智的选择，让这份初恋的感情在心里发酵，随着时间的推移日久弥香。

2. 与其苦口婆心地劝导，不如巧妙引导

现实生活中我们常常见到这种现象：一些父母只要感受到孩子有什么不对劲，便不断盘问，并警告孩子绝不能早恋。父母这样做，只会加快孩子情感发展的脚步。这是因为，青春期孩子开始有了一定的独立意识，他们开始关注异性。而父母越是反对，他们越是偏向选择自己倾慕的恋人。因此，深谙教育艺术的父母绝不会苦口婆心地劝阻孩子，因为他们知道这样只会让孩子爱得更深。

孩子在成长过程中是不断长大的，自然会出现一些心理波动。父母

第 11 章
不安的青春期，帮助孩子处理生理和感情问题

不妨采取一种讨论的态度，和孩子平等地讨论爱情，让孩子明白青春期是积累知识的时期，对异性的好感并不是爱情，并采取一些方法强化孩子的家庭归属感，让孩子重新把精力集中到学习上来。

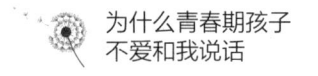

通过沟通让孩子了解正确的恋爱观

"孩子,其实妈妈明白你的心情。妈妈也是过来人,我在你这么大的时候,也喜欢过一个人,那时候他经常来学校找我,并对我无微不至地照顾,我发现自己爱上他了。后来,他突然不理我了,我伤心欲绝,学习成绩更是一落千丈。"

"后来怎样呢?"儿子好奇地问。

"就在那段时间,我们学校转来了一个新同学,他开朗、乐观,成了我的同桌,我们无话不谈。一起学习、交流心得,很快,他帮助我走出了那段情感的阴影。你知道这个人是谁吗?"

"不知道。"

"他就是你爸爸啊,我们很快相爱了,但是我们并没有沉浸在爱情的幸福中,而是约定要一起考大学,一起追求梦想。后来,我们大学毕业后就结婚了……"妈妈沉浸在甜美的回忆中。

"爸爸太棒了!"儿子赞叹地说。

"是啊,不然我怎么会喜欢他。那你的那个她呢?"

"我不知道,但她长得很漂亮。"

"孩子,妈妈也给你一个建议:你不妨跟她做个约定——你们要一起考上大学。等你考上大学之后,如果你还是这么认为,那么你不妨开始一

第11章
不安的青春期，帮助孩子处理生理和感情问题

段美丽的爱情。在这之前，你可以跟她做很好的朋友。"儿子点点头答应了。

并不是所有家长都能像这位母亲一样理解孩子。事实上，很多家长在知晓孩子在青春期谈恋爱后，都会火冒三丈，然后"棒打鸳鸯"。最终结果是，孩子只会越来越坚信自己的选择，甚至做出更加"出格"的事。家长的理解则是孩子接受家长建议的前提，因此，家长不妨放下架子与孩子来一次促膝长谈，帮助孩子脱离早恋的苦恼，从那段青涩的爱情走出来。

父母是孩子的第一任老师，父母要鼓励孩子把精力用于学习生活中，并指导孩子与人交往，尤其是要把握与异性交往的安全距离，离得太近或太远都会给人一种不舒服的感受。

那么，父母应该怎样向孩子灌输正确的恋爱观呢？

听听教育心理学家的建议

1. 理解孩子，通过谈话式教导引导孩子走出恋爱的误区

我们要关注孩子，应经常询问孩子对周围异性伙伴的印象如何，以了解孩子的情感倾向和所思所想。同时父母可讲讲自己青春期异性交往的经历与故事，让孩子说出自己的看法。最好避免用早恋这样的敏感词，因为这一时期孩子与异性交往大多只是出于一种朦胧的爱慕心理。

2. 告诉孩子如何处理"被追"的情况

父母在对孩子情感理解的基础上，还要告诉孩子如何处理摆在面前

的爱情，如情书。情书是青春期的少男少女们表达爱的一种最主要的方式。父母要告诉孩子：如果有人给你写情书，这表明你很有魅力，的确值得高兴。但是过后一定要把情书收起，把那份美好埋在心底。

3. 告诉孩子与异性交往的分寸

我们不妨直言不讳地告诉孩子，青春期对异性产生好感并不可耻，但一定要把握分寸。勇敢并大方地与异性交往，即使对异性有好感，也只能让它作为一种美好的愿望珍藏在心底。等自己真正长大成熟时，他会以百倍的力量、热情、成熟来迎接你！

4. 让孩子转移视线，明确初中阶段学习是主要任务

青春期是孩子长知识、长身体的黄金时期，世界观还未形成，缺乏必要的社会知识与经验。如果过早地陷入爱情的旋涡中，势必会影响自己的学业和身心健康。我们要告诉孩子现阶段要做的是明确自己在青春期的奋斗目标，把精力重新投入学习中才是明智之举。

总之，孩子开始进入青春期后，身心上的巨变都会让他们对爱情产生一些懵懂的意识。这段时间的孩子经常会陷入迷茫，他们不知道自己要做什么，根本不知道什么是正确的恋爱观。如果家长们能够给予他们足够的理解、支持、关心和指导，鼓励他们说出自己的想法，然后告诉他们该怎么做，孩子就会找到内心与外在世界的平衡，顺利地度过这段危险期！